THE SUBTLE ART OF
NOT GIVING A F*CK

その「決断」がすべてを解決する

マーク・マンソン
大浦千鶴子 訳

MARK MANSON

三笠書房

イントロダクション

これは「新しい生き方」をひらく、僕たちのロードマップ

もう何十年も、「ポジティブ思考こそが、成功へのカギだ」と言われてきた。

だけど、その「欺瞞《ぎまん》の時代」は終わった。

ハッキリ言って、前向きに考えればなんとかなる、って問題じゃない。
そんなその場しのぎのごまかしで、人生はバラ色になっただろうか？
貴重な時間を割き、消耗して、いったい何を得られただろう？

「人生はクソだらけ」——その現実から目をそらしてはいけない。「恐れ」「失敗」「予測不可能な未来」の渦のなかで、すべては、**99パーセントのムダなあがきを手放し、ただシンプルに、1パーセントの本当に「大切なもの」を、どう選択するか**にかかっている。

君は、ごくひと握りの人だけが手にしている、その勇気をもてるだろうか？

僕は、二十代、三十代の「若さ」を浪費しながら、人生の「ハイ」と「ロー」を見てきた。

これからもきっと、デコボコ道を歩いていくんだろう。

僕より上の世代なら、「必死に努力をして、成功しないのは甘え」「信念をつらぬけば夢はかなう」「たくさん持ってるヤツが勝ち組」って信じてきたんだと思う。

だけど、本当にそうなのか？

いまはもう、誰もがその「成功の方程式」は通用しないことを知っている。

そう、**人生ゲームのルールは変わった**んだ。

THE
SUBTLE
ART OF
NOT
GIVING
A F*CK

contents

PART 1

人生の課題はどこから現われるか

PART 2

その「痛み」が人をもっと強くする

PART

3

「平凡な自分」こそ、実は一番重要

PART 4

こんな「価値観」が自己実現のジャマになる

PART 5

自分に起こることは、その「選択」しだい

――解決への道① 〝運をおもしろいように味方につける〟とは

PART 6

「信念」は、あなたの力になるか

――解決への道②「不確実／予測不能」の受けいれ方

PART 7

シンプルに、ただ「やってみる」

――解決への道③「失敗しない人」は成功もできない

PART 8

「最重要ミッション」に集中する

——解決への道④ 時間とエネルギーを吸い取るものへ「NO」を

PART 9

僕たちの眼前に立ちはだかるものは消えていく

——解決への道⑤ 〝恐れ〟にとらわれない生き方

PART

1

人生の課題は
どこから現われるか

ある成功者がたどった〝数奇な人生〟

アルコール依存症で女たらしの博打《ばくち》好き、武骨者、しみったれ、のらくら者――たくさんの異名をもつチャールズ・ブコウスキーは、自身最悪の時期には詩人でもあった。おそらく誰もが、彼から人生のアドバイスをもらおうとは思わなかっただろうし、まさか自己啓発本でお目にかかろうとは夢にも思わないような人物だ。

ブコウスキーには作家願望があった。しかし何十年もの間、書いたものはことごとく却下される。新聞社や出版社からは「お粗末」「下品」「悪趣味」などとこき下ろされ、届いた断り状は山になり、どうしようもない挫折感から、彼は酒浸りの鬱屈《うっくつ》した日々に追い込まれる。そのうつ状態から抜けきらないまま、ブコウスキーは人生の大半を過ごした。

彼には本業があった。郵便局の郵便仕分け係だ。微々たる給料のほとんどが酒代で、残りは馬券代に消えた。夜は一人で酒を飲み、たまに古ぼけたタイプライターから詩を叩き出すこともあった。前の晩酔いつぶれて、床の上で目を覚ますなんてことはしょっちゅうだった。

三十年がこうして過ぎた。ほとんどが、酒とドラッグとギャンブルと売春婦に明け暮れた意味のない年月だ。ところが五十歳近くになって、ある小さな出版社の編集者がブコウスキーに妙な関心を向けることになる。大金を支払えるわけでもなく、売れ行きを保証できるわけでもない。それでも、この酔いどれの負け犬におかしな愛着を感じ、編集者は賭けてみることにした。

ブコウスキーにとって、チャンスらしいチャンスが巡ってきたのはこれが初めてだ。いや、おそらくもう二度とこんなチャンスは来ないだろう。そう気づいたブコウスキーは、編集者にこう返信する。

「俺は、ふたつにひとつの選択をしなければならない。このまま郵便局で働いて頭がおかしくなるか、作家ごっこをしながら飢え死にするか……。俺は、飢え死にすることにしたよ」

契約書にサインすると、ブコウスキーは三週間で一作目の長編小説を書き上げる。『ポスト・オフィス』というシンプルなタイトル。献辞には「誰にも捧げない」とあった。

やがてブコウスキーは小説家、詩人として名をはせ、長編小説を六作品、数百篇の詩を世に出し、その売り上げは二百万部を超えることになる。これほど人気が出るとは誰も予想しなかったし、誰よりもブコウスキー本人が予想していなかった。

ブコウスキーの人生はアメリカン・ドリームそのものだ——男は欲しいもののために戦い、絶対にあきらめず、最後にはかならず大望を成し遂げる。そのまま映画になりそうだ。こんな話を目の当たりにすると、僕らは口をそろえて言う。

「ほらね？　あいつは絶対にあきらめなかったんだよ。最後までがんばった。どんなときも自分を信じ、勝ち目がなくても突き進み、そして最後に勝利したんだよ！」

ところが、ブコウスキーの墓石には**「がんばるな（Don't try）」**と碑銘が刻まれている。これはどういうことだろう？

つまり、本が売れようが名声を得ようが、ブコウスキーは負け犬だったということだ。本人もそれがわかっていた。彼が成功したのは、勝者になろうと意を決していたからではなく、自分が敗者だと自覚していたからで、その事実を受け入れ、それを正直に書いたからだ。

本来の自分ではない何かになろうとがんばったわけじゃない。ブコウスキーの類《たぐい》まれな才能が花開いたのは、困難に打ち勝ったからでも、自らを文学者に鍛え上げたからでもない。

ただひたすら、**自分に——とりわけ自分の最悪の部分に——正直であり続けたから**だ。

そして、迷いもためらいもなく、自分の失敗を語った。それをできたことが彼の才能だといえる。

名声を得てからも、ブコウスキーは詩の朗読会に顔を出すや、聴衆に向かってすさまじい暴言を浴びせた。相変わらず公《おおや》けの場で局部を露出し、見つけた女とは誰とでも寝ようとした。名声も成功も、彼をまともな人間にはしなかった。

「自己変革」と「成功」は、往々にして同時にもたらされる。しかし、それはかならずしも、そのふたつが同じものであるという意味ではない。

いま、僕たちの文化が重点を置いているのは、非現実的なほどポジティブな期待である――より幸福になれ、より健康になれ、よりかしこく、より速く、より金持ちになれ。よりセクシーに、より人気者に、より生産的になれ。

そして、完全無欠の人間になって、女房と子どもに「行ってくるね」のキスをして出かけるんだ。それから自家用ヘリを飛ばして、充実した仕事場に行き、意義深い労働に日々いそしみ、その結果、いつか地球は救われると思っている。

でも、よく考えてみれば、人生に関する従来のアドバイス――そこらじゅうで目にする、ポジティブでハッピーな自己啓発とやら――は、**僕らに欠けているものの話ばかり**を扱っている。すでに自覚している欠点や失敗経験をえぐり出しては、わざわざ際立たせてくれるわけだ。

うまい金の稼ぎ方を学ぶのは、金をもっていないと感じているから。鏡の前に立って、「私は美しい」と自己肯定メッセージをくり返すのは、自分が本当は美しくないと知っているから。デート指南を受けるのは、愛されていないという自覚が先にあるから。そして成功するためのイメージ・トレーニングを試すのは、自分は成功していないと感じているからだ。

皮肉なことに、こうしたポジティブ思考――よりよいこと、より優位であること――にこだわっていると、結局は「自分はそうなっていない」「それが自分には欠けている」「自分はそうなっていたはずなのに、なれていない」と何度も思い出すことになる。本当に幸せな人は、鏡の前に立って「私は幸せ者」と唱えたりはしない。そのままで幸せなのだから。

こんなことわざがある――「小さい犬ほど、大きい声で吠えたてる」。自信がある男は、自信があることを証明する必要を感じない。金持ちの女は、金持ちであることを誰かに信じ込ませる必要を感じない。もしあなたが何かをいつも夢見ているとしたら、無意識に認識している現実を何度もくり返し自分に再認識させているということになる。私はそうなっていない、と。

テレビ・コマーシャルは僕らに信じ込ませようとする。よい人生を送るためのカギは、より立派な仕事であり、よりタフな車であり、より美しい恋人であると。世のなかは絶えず言い続ける。よりよい人生への道は、「もっと、もっと、もっと」であると。もっと買い、もっともち、もっとつくり、もっとセックスし、もっとどうにかなることだと。「何もかも気にしてかかれ」というメッセージで常に攻め立てられ、その攻撃がやむことはない。

なぜだろう？　僕の推測はこうだ――「もっとたくさんのものを気にしてくれたら、それだけ売り上げがのびるから」。

もちろん、景気がよくなること自体は悪いことじゃない。ただ問題なのは、あまりにも多くのことを気にするのは精神衛生上よくないということだ。そんなことをしていると、上っ面《つら》だけのにせものに執着することになり、そのあげく、幸福と満足の蜃気楼《しんきろう》を追いかけることに人生のすべてを費やしかねない。

よい人生を送るためのカギは、**「もっと」を気にすることではなく、「もっと少なく」を気にすること**。つまり、本当に大事なもの、ほかの誰でもない自分自身にとってかけがえのないものだけを気にすることなのだ。

ささいなことに煩わされていないか

人の脳内には妙なねじれ現象が潜んでいて、それを放っておくと、完全に頭がいかれてしまいそうになる。

こんな経験はないだろうか。

誰かと対立するのが不安になる。その不安のために何も手につかなくなり、「どうしてこんなに不安なんだろう」と考え始める。さらには、「不安になる」こと自体が不安になる。

つまらないことにムカッ腹が立つ。その理由はさっぱりわからない。簡単に腹を立てることにもっと腹が立つ。そのうち、細かいことにいちいち激怒する自分が、浅はかで意地悪な人間に思えてくる。それがまた嫌で嫌で仕方がない。どうにもこうにも嫌で、自分に腹が立ってくる。怒っていることに怒る自分に対して怒りを感じる。そして「こんなところに壁があるからだ！」と八つ当たりする。

いつも正しいことをしているか心配なあまり、自分がどれだけ心配しているかが心配になる。自分の間違いにいちいち罪悪感をもつので、どれだけ自分が最低だと感じているかに罪悪感をもち始める。あまりに頻繁に悲しくなったり寂しくなったりするので、そう考えるともっと悲しさや寂しさが募《つの》ってくる。

「うわ、俺なんか、いつだってそうだよ。ってことは、とんでもない負け犬だよな。やめるべきだね。あー、しまった。自分のことを負け犬って言ったら、ますます負け犬の気分になってきた。自分で負け犬って言うのはやめるべきだよな。クッソー！　またやっちゃってるよ！　なあ？　俺って負け犬なんだよ！　うわああ！」

まあまあ、君、落ち着いて。実は、ここが人間の人間たる美点でもあるんだ。そもそも、理路整然とした思考ができる動物はほとんどいない。ところが僕ら人間は、自分の考えについて内省する能力をもった贅沢《ぜいたく》な生き物なんだ。

しかし、ここに問題がある。僕らの社会は、消費者文化と「ねぇ、見て見て、私のほうがあなたよりカッコイイ生き方してるでしょ」的なソーシャルメディアの驚嘆すべき発達によって、このようなネガティブ体験――不安、恐れ、罪悪感など――を味わうことは「メチャメチャ大丈夫じゃない」と信じる世代をまるごとひとつ生み出した。

フェイスブックにアップされたコンテンツを見たりすると、そこにいるみんながとんでもなくイカした時間を過ごしている。おい、今週、八人も結婚したぞ！　さらには、テレビによく出る十六歳の誰それが誕生日にフェラーリをもらったり、別の若い誰かは、トイレットペーパーがなくなると自動的に補充してくれるアプリを発明して、二〇億ドルも稼いだりする。

それに引きかえ自分はどうかといえば、家にこもって猫の歯をデンタルフロスで掃除している。そうなると、ますます自分の生活にうんざりしないではいられない。

たったいま、五分間気分が最悪になったとしよう。そのうえ、完璧にハッピーで素晴らしい人生を送っている連中の画像を三百件も見せつけられたら、**誰だって自分にどっかダメなところがあるんじゃないかと思ってしまうはず**だ。

この自己嫌悪が、僕らをトラブルに追い込んでいる。嫌な気分になるのが嫌で、罪悪感をもつことに罪悪感をもつ。怒ることに怒りを感じ、不安になることに不安を感じる。いったい自分のどこが悪いというんだ？

だから、**いちいち気にしないことが大切**だ。それが世界を救うことにもなる。世界が完全におかしくなっていて、しかも「それでいいんだ」とみんなが思って全部を受け入れれば、世界は救える。昔からずっと世界はそんなふうだったし、これからもずっとそんなふうなんだから。

これは世間で信じられていることに逆行する考え方だ。だから、まだ君は納得がいかないかもしれない。

僕らはネット上で「先進国の問題」について冗談を言い合うが、実は、僕ら自身が自分たちの成功の犠牲者になっている。ストレス性の健康問題、不安神経症、そしてさまざまなうつの症例が、過去三十年にわたって急激に増えた。

誰もが薄型テレビをもつ現代、僕らの危機はもはや物質的なものではない。存在の根幹に関わる危機であり、精神的な危機なのだ。腐るほど大量のモノと、おびただしいチャンスを目の前に、もう何を重視したらいいのかさえわからなくなっている。

これが「幸せになる方法」なんていう愚にもつかない話の弊害といえる。そんなものが、ここ数年、フェイスブックで八百万回もシェアされている。ロクでもない話だと思わないか？早くこのことに気づいてほしい。

ポジティブな経験を求めることは、それ自体がネガティブな経験である。
逆に言えば、ネガティブな経験を受け入れることは、それ自体がポジティブな経験である。

とんでもなく頭がこんがらかるかもしれない。だけど、よく考えてみてほしい。

金持ちになろうと必死になればなるほど、自分が貧しくちっぽけに思える——それも、実際どれだけの金を自分が稼いでいるかに関係なく。セクシーになってモテたいと必死に思えば思うほど、自分が醜く見えるようになる――それも、実際の肉体的な外見に関係なく。幸せになりたい、愛されたいと必死に願えば願うほど、寂しく不安な気持ちになる――自分のまわりにいる人たちに関係なく。

実存主義哲学者アルベール・カミュも、次のように言っている。

「幸せが何から成っているのか探し続けている人は、決して幸せになれない。人生の意味を見出そうとしている人は、決して生きているとはいえない」

もっと簡単に言えば、こういうこと。

がんばるな。

僕には君の声がはっきり聞こえてくるようだ。

「じゃあマーク、高級車を買うために俺が必死こいて金を貯めてるのはどうなる？　完璧な筋肉をつけるために死ぬ思いでジムで減量してるのは？　いつか手に入れるって夢見てきた、湖のほとりの大邸宅は？　そういうものに必死じゃなくなったら、俺は何も成し遂げられないよ」

いい質問だ。では、今度は僕から質問しよう。

何かをやるときに「気を抜いてやったほうが、うまくいくこともある」と気づいたことはないだろうか？　**成功という目標に対して一番身を入れていない人が、結局は成功を手にする**なんてことは？　気にするのをやめたとたん、何もかもうまく収まった感じになる場合も、たまにあるんじゃないかな？

これは、どういうことだろう？

つまり、気にしないでおくと、逆の効果が生まれるということ。ポジティブであろうとすることがネガティブなら、ネガティブであろうとすることがポジティブなものを生み出す。

トレーニング・ジムで味わう苦痛は健康と活力という結果を実らせ、ビジネスでの失敗は成功するために何が必要なのかをより理解することにつながる。

自分の不安定な部分にまっすぐ向き合うことは、逆にもっと自信をもち、まわりにカリスマ性を示すことになる。

正直に人と対立するときのつらさは、人間関係においてもっとも大きな信頼と尊敬を生み出し、恐怖と不安を何とか耐え抜くことは、勇気と粘り強さを身につける可能性をもたらす。

人生で価値あることはすべて、ネガティブな経験を乗り越えるなかで獲得されるものだ。ネガティブなものから逃げたり、それを避けたり抑えたり黙殺しようとする試みは、結果的にしっぺ返しをくらう。

僕自身も、これまでの人生のなかで、たくさんのことを気にしてきた。でも、気にしなかったこともたくさんある。そして、何を気にしなかったかで大きな違いが生まれた。

平然と挑戦して素晴らしい偉業を成し遂げた人。そういう人に出会ったことはないだろうか。たぶん君自身の人生でも、気にしないでやってみて予想外の素晴らしい結果を出したことが、一度や二度はあったと思う。

僕についていえば、インターネット・ビジネスを立ち上げるために昼間の金融関係の仕事をたった六週間でやめたことが、人生の「気にしなかったベスト3」のひとつだ。同じく、もっていたものをほとんど売り払って、南米に引っ越す決心をしたこともランクインする。くよくよ悩んだんだろうって？　まったくない。とにかく、思ったとおりのことを実行した。

僕らのほとんどが生涯を通じて苦しむのは、**気にしてもしょうがないことを気にしすぎるからだ**。非常識なガソリンスタンドの店員が釣銭を小銭で返したから、その店員のことをやたらと気にする。好きなテレビ番組が放送中止になると、それもやたらと気にする。めっちゃ楽しかった週末のことを同僚が聞いてこないと、これまためっちゃ気になる。

その一方で、クレジットカードは限度額いっぱいまで使い切ったし、飼い犬には嫌われてるし、ボンクラ息子はますます素行が悪くなる。それでもなお、一セントの釣銭やテレビ番組のことでイラッとくるわけだ。

ほらね、こんなふうになってしまうんだよ。あなたもいつかは死ぬのに。

わかりきったことだとは思うけど、もしかしたら忘れているかもしれないから、念のために言っておくよ。あなたも、あなたの知り合いも、みんな死ぬ。いまからそのときまでの短い時間、気にすることには限りがあるということだ。なのに、意識的に考えたり選んだりすることなく、どんなことにも誰に対しても気をもんでばかりいたら……疲れて寿命を縮めるだけだ。

あれこれと気にしないための極意がある。**自分の思考にフォーカスして効率よく優先順位を決める、そのやり方を学びとる**ことだ。個人的な価値感を研ぎ澄ませて、自分にとって大事なものと大事でないものを振り分けるのである。

これは信じられないほど難しい。一生かけて習練を積まなければ、モノにできるものではない。きっと何度も失敗するだろう。だけど、おそらく人生でもっとも立ち向かう価値のある苦難だ。いや、むしろ人生における唯一の苦難かもしれない。

なぜかといえば、あまりにもたくさんのことを気にすると——誰に対してもどんなことにでも思い悩んでいると——、かえって、自分がいつも快適でハッピーでいるべき〝特別な人間〟であると思い込んでしまうからだ。何もかも自分の望みどおりになるんだ、と。これは病気だ。容赦なく自分を内側から蝕《むしば》んでいく。

どんな逆境も不当な仕打ちだと思う。どんな試練も失敗に見え、どんな不都合も侮辱に思え、どんな意見の相違も裏切りに見えてしまうだろう。

「何を気にするか」も選び取るもの

とりあえず何も気にしないとなると、たいていの人は「すべてに対してクールに無関心を決め込む」ことだと想像しがちだ。幾多の嵐をものともせず、何に対しても動揺することなく、誰に対しても屈することのない人を思い描き、そして自分もそうなりたいと憧《あこが》れる。

ところで、どんなことにも感情をもたず、意味を見出さない人は何というか知っているかな？　それは「サイコパス（精神病質者）」だ。あなたはサイコパスになりたいのだろうか？

では、気にしないということは、いったいどういうことだろう？　その問題をはっきりさせるのに役立つ、三つの「極意」を紹介しよう。

極意その1

気にしないということは、無関心であるという意味ではない。他者と違っていてもまったく平気でいるという意味である。

はっきりさせておこう。無関心であることには、称賛や信頼に値するものは何もない。無関心な人間はダサい臆病者だ。冷笑主義者やネット荒らしが、そういう連中である。

実際、無関心な人間ほど何かと無関心であろうとするけれど、それはあまりにいろいろなことを気にしているからだ。自分のヘアスタイルがみんなにどう思われるか気になるから、わざとボサボサにしておく。自分の考えがみんなにどう思われるか気になるから、皮肉や批判だけ浴びせて本心を明かさない。誰かに近寄られるのが怖いから、自分のことを特別でユニークな人間だと空想し、ほかの誰にも決して理解されない問題をかかえていると思い込む。

無関心な人間は世のなかを恐れ、また自分の選択がどんな反響を生むかを恐れている。だから、何ひとつ意味のある選択をしない。自分でつくった灰色の無感情の穴に隠れ、自己陶酔と自己憐憫《れんびん》に明け暮れ、不運な出来事から気をそらそうとする。時間もエネルギーも要する〝人生〟という名のこの出来事から。

なぜかといえば、そこにはあるひとつの真理が隠れているからだ。つまり「人間は気にしないではいられない生き物だ」ということ。どうしても何かを気にしてしまい、そのためにいつも気に病んでしまうことは、生物学的に組み込まれた性質なのだ。

ここで問題なのは**「何を気にするか?」**ということ。何を選んで気にしているか。そして、結局はどうでもいいことに対して、どうやって気に病まないでいられるか。

僕の母は最近、仲のよい(と思っていた)友だちに大金をだまし取られた。僕が無関心な人間なら、肩をすくめてコーヒーをすすり、連続ドラマの新シーズンをダウンロードしただろう。

ごめんね、母さん。

ところが、僕は激怒した。ムカついた。で、僕は言った。

「母さん、そんなんじゃダメだよ。弁護士を差し向けて、そのロクデナシを追い詰めよう。どうしてかって？　あんなヤツどうでもいいからさ。あいつの出方しだいでは、人生をボロボロにしてやってもいい」

これで「極意その1」の説明がつく。

「おい、用心しろ。マーク・マンソンはとにかく気にしないヤツだからな」と言っても、それは、マーク・マンソンは〝何も気にしないヤツだ〟という意味ではない。反対に〝目標達成を阻む逆境など気に留めず、正しいと思うこと、重要と思うこと、気高いと思うことをやり通すためには他人を怒らせるくらいどうってことない〟という意味だ。

ほかと違っていることや、社会から見放されること、のけ者になること——そういう状態を自分自身の価値観のために進んで受け入れること。失敗を目の前に突きつけられても、それから目をそらさずに、逆に中指を突き立ててみせる気概のこと。逆境や失敗や、恥をかくことなんか、気にも留めない人たちのこと。ただ笑い飛ばして、ともかく自分の信じるとおりのことをする、そういう人たち。

彼らがそうするのは、それが正しいと知っているから。そのことが自分の気持ちやプライドやエゴよりも重要なことだと知っているからだ。

彼らの言う「クソッタレ」は、人生の何もかもに向かってではなく、むしろ、人生のなかの重要ではないものすべてに向かっている。彼らは、むやみやたらに気を回さず、本当に大切なものだけを気にする。友だち、家族、目標。そういうわけだから、つまり、むやみやたらにではなく、自分にとって大事なことだけを気にするようにしているから、人からもまた気にしてもらえるようになる。

なぜなら、ここにもうひとつのささやかな真理が隠れているからだ。それは**「誰かのために重要な、人生を変えさせるほどの存在になるには、同時に、物笑いの種になったり恥ずかしい目に遭ったりしなければならない」**ということ。

逆境が存在しないことなどありえない。これはどうしようもないことだ。かならず逆境は存在する。有名な格言に「どこに行っても自分と道連れ」(訳注:米国の分子生物学者ジョン・カバット・ジンの言葉)というのがある。同じことが、逆境にも失敗にもいえるんだ。どこに行っても、大量のクソが待ちかまえている。しかも、それでまったく問題ない。大事なのは、そのクソから逃げないこと。大事なのは、**楽しんで取り組めるクソ**を見つけること。

極意その2

逆境を気にしないためには、
逆境より大切なものを第一に気にしなければならない。

スーパーマーケットにいるとしよう。目の前で、年配の女性がレジの店員に向かって怒鳴りちらしている。三〇セント（約三十円）の割引クーポンを使わせてもらえない、と怒っているのだ。どうしてこの女性は、たったの三〇セントが気になるんだろう。

その理由を僕が説明しよう。たぶん、そのご婦人は毎日家にいて、椅子に腰かけてクーポンを切り取ることのほかに何もすることがない。年をとって孤独だ。子どもらは能なしで、訪ねてもこない。三十年以上セックスしていない。歩くと腰に激痛が走る。年金はもうすぐ打ち切りになる。

だからクーポンをチョキチョキ切り取る。これだけが私のもの。私自身と、私のクーポン。それだけが大事なもの。ほかには何もないから、それだけが気になる。

だから、あのニキビ面の十七歳のレジ係がクーポンを拒否し、あくまでもレジの純潔を守ろうとするその姿に、当然おばあちゃんは爆発することになる。八十年分のうっぷんが一気に噴き出し、「私の若いころはね」とか「昔はみんなもっと敬意を表わしたものよ」とかの説教が、猛烈な嵐となって襲いかかってくる。

まるでお祭りでアイスクリームを配るように憂《う》さをばらまく人の問題点は、憂さを捧げるにふさわしい、もっとよくよしがいのある悩みをもっていないことだ。

以前、ある芸術家がこんなことを言ったそうだ。

「人は問題をひとつもかかえていないと、頭が勝手に動いて問題をいくつかつくり出すようにできている」

思うに、たいていの人——特に、教養のある、甘やかされた中産階級の人間——が考えている**「人生の問題」とは、本当のところ、悩むべきもっと重要な問題をもっていないために起きる副作用**にすぎないのではないか。

となると、次にくるのはこうだ。自分の人生に何か重要で意味のあることを見つけるのが、おそらく、時間とエネルギーのもっとも生産的な使い方である。その意味のある何かを見つけなければ、いつまでも意味のない、つまらないことに気をもむことになるからだ。

極意その3 自覚していようといまいと、あなたはいつも何を気にするか選んでいる。

とにかく、人は物事を気にしないようには生まれついていない。むしろ、あまりにもたくさんの物事を気にするように生まれついている。帽子の色が自分の好きな青色じゃないからと、オイオイ泣く子どもがいる。生まれてすぐにこの有様だ。

大人になるにつれ、経験を積んだおかげで（そして、ものすごく長い時間が過ぎてしまったことがわかって）、だんだんと、ささいなことがほとんど人生には影響しないことに気づいてくる。以前はとても誰かの意見が気になっていたのに、その人たちはもういまの人生に存在しない。拒否されて傷ついた瞬間もあったが、実際にはそのおかげで一番いい結果に落ち着いた。

自分の表面的で細かな部分に人はほとんど注意を払わないということも、だんだんわかってくる。そして僕らも、そういうことに気をわずらわせるのはやめようと思うようになる。

基本的に僕らは、どんなものに気をもめばいいか、選り好みをするようになる。これが「成熟」と呼ばれるものだ。なかなかいいもんだよ。**成熟は、〝真にくよくよしがいのあることについてのみ、くよくよすること〟を学んだときに初めて生まれる**のだ。

それから、もっと年をとって中年になると、ほかのことも変わり始める。エネルギーが低下し、アイデンティティが固まってくる。自分がどういう人間かがわかり、自分自身を受け入れるようになる。さしてうれしくない部分も含めて。

僕らは悟る。絶対にガンは撲滅できないし、月には行けないし、ジェニファー・アニストン（訳注：アメリカの女優）のオッパイには、さわれっこないって。そして、それでかまわない。人生は続いていく。

どんどん気になるものが減っていき、いまではもう、人生で何よりも気にしがいのあることだけを気にするようになった。家族、親友、それとゴルフのスイングとかね。そして驚くことに、これで十分なんだ。この単純さが実際、ものすごく僕らの日常を幸せなものにする。やがて僕らは思い始める。たぶん、あのクレイジーなアル中のブコウスキーはよいところに気づいていたんだ。そして、こんな言葉を遺《のこ》したんだ――「がんばるな」と。

これはトラウマもネガティブも、パワーに変えてしまう方法

この本の役割は、人生において何を重要だとあなたが考えているか、また何を重要でないと考えているか、その選択についてもう少しクリアに考えられるよう手助けすることだ。

僕は確信する。人類はいま、心理的な流行病に直面していると。その病魔に侵されると、**「たまにはうんざりすることがいろいろ起きても問題ないんだ」**という感覚を失ってしまう。

これは、生死を決する類《たぐい》の問題なのだ。

「たまにであっても、うんざりすることがいろいろ起きるのは問題なんだ」と信じていると、無意識に僕らは自分自身を責め始める。自分にもともと悪いところがあるような感覚をもつようになり、それがさまざまな過度の代償行動に僕らを駆り立てる。たとえば、靴を四十足も買ったり、精神安定剤をウォッカの水割りで喉《のど》に流し込んだり、もっと極端な例は、スクールバスに向かって銃を乱射させたり。

「たまにでも十分な結果を出せないのはダメなんだ」というこの信念は、まさに地獄のようなグルグル思考の起点であり、この堂々めぐりは成長を続け、いまにも僕らの文化を席捲《せっけん》しようとしている。

僕たちが何をしようが、人生には失敗や喪失や後悔がつきもので、おまけに死もついてくる。だが、人生が僕たちに投げつけてくるありとあらゆるクソ（それも大量のクソだからね。約束するよ）を快く受け入れることができるようになれば、心の底から無敵になれる。とにかく、痛みに打ちかつ唯一の方法は、まずそれにどう耐えるか、その術《すべ》を身につけることだから。

この本は、偉大な人間になるための手引書ではない。また、そうなるはずもない。偉大さとは、頭のなかでつくり上げた幻想にすぎないからだ。

むしろ、痛みを手段に変え、トラウマをパワーに変え、問題を少しばかりよい問題に変えるのが、この本の意図するところだ。そういう転換が、本当の意味での向上につながるのだ。

この本を苦しみへの手引書と考えてくれてもいい。そこから、いかにうまく苦しむか、もっと意義深く、もっと思いやり深く、もっと謙虚に苦しむにはどうしたらいいのかをつかんでほしい。重荷を背負いながらも軽快に動くこと、とてつもない恐怖があっても気楽になれること、自分の流した涙を笑い飛ばすこと、それらがこの本のテーマだ。

この本は、どうやって獲得したり成し遂げたりするかではなく、むしろ、どうやって失ったり手放したりするかを教える。この本が教えるのは、人生の棚おろしをして、もっとも重要なものを残してあとはすべてゴシゴシこすり取ること。

そして、必死にがんばらないことだ。

PART

1

まとめ

◆ポジティブ思考は役に立たない場合がある

◆多くの人は「もっと」という思考に追い立てられて消耗している

◆ムダに必死になるのをやめたほうが、結局はうまくいく

◆「無関心」と「冷笑主義」はダサいだけ

◆大切なものを手に入れるには、逆境は避けられない

PART

2

その「痛み」が人をもっと強くする

「家出した王子さま」がたどり着いた場所

およそ二千五百年前、ヒマラヤ山麓の丘（現在のネパール）に大きな宮殿があり、そこに住む王には、もうすぐ息子が生まれることになっていた。王は、生まれてくる王子には完璧な暮らしを与えようと考えていた。一瞬たりとも苦痛を味わうことのないように、必要なもの、欲しいものすべてを、どんなときもすべて満たしてやろうという壮大な考えだった。

王は、王子が外の世界を知ることのないようにと、宮殿のまわりに高い塀を巡らせた。息子を甘やかし、食べ物や贈り物をふんだんに与え、どんな気まぐれな要求にも応じる召使いたちをはべらせた。そうして計画どおり、その子は人間にかならずついてまわる「非情」や「無慈悲」さえもまったく知らずに育った。

だが終わりのない贅沢《ぜいたく》と飽食にもかかわらず、王子は満たされず、いらだった若者となり、やがてすべての経験が虚しく無価値に思えてくる。一番の問題は、父から与えられたものに何の意味も見出せないことだった。

そこで、王子は宮殿からこっそり抜け出し、塀の向こう側に何があるのか見てみようと思い立った。ある晩遅く、一人の召使いに近くの村まで案内させると、王子は目の前の恐ろしい光景に驚愕《きょうがく》する。それは生まれて初めて見る人間の苦しみだった。王子は、病人や年寄り、家のない者や苦痛にあえぐ者、そして死んでいく者まで目にした。

宮殿に戻ると、自分はいわゆる実存的危機（訳注：人生の意味や存在の意味を見失うこと）に陥っているのではないかと気づき始める。気持ちの整理がつけられない王子は、情緒不安定になり、グチっぽくなった。

若者にありがちなことだが、王子は父親を責め、自分のために父親がしてくれたことに非があると考えた。ここまで自分がみじめになったのは豊かさのせいだ。人生がここまで無意味に思えるのも、豊かさのせいだ。そして、王子は逃げ出す決心をする。

ところが、王子はある意味で父に似ていた。彼もまた壮大な考えを思いついたのだ。ただ逃げ出すのではなく、王族の地位も、家族も、そしてもっているものもすべて捨て去り、路上で暮らし、動物のように泥にまみれて眠ろうと。自ら進んで飢え、わが身を痛めつけ、見知らぬ人間から残飯をめぐんでもらって残りの人生を過ごそうと。

次の夜、王子は再び宮殿からこっそり抜け出した――今回は二度と戻らない覚悟で。何年も浮浪者として暮らし、見捨てられ、忘れられて、社会の一番下にこびりついた残りカス――犬のフンとして生きた。そして、計画したとおりに王子はひどく苦しむ。病気、飢え、痛み、孤独、衰弱の苦しみを味わう。しかし、それに耐え、あるときには飢えて死にそうにもなる。

このようにして数年が過ぎ、さらに数年が過ぎた。そして……何も起こらなかった。やがて王子は気づき始める。この苦しみに満ちた生活は、まったく期待はずれであると。こんな生活をしていても、自分の求めていた洞察など得られない。より深い世界の神秘も、その究極的な目的もまったく啓示されないではないか。

それどころか、王子にもやっと当たり前のことがわかってきた。つまり、苦しみってヤツは心底うんざりするものだと。しかも、かならずしもそんなに意義深いものでもない。裕福であるのと同じく、目的もなくただ苦しむのはなんの価値もないことだ。

まもなく王子はある結論に達する——父の場合と同様、自分の壮大な考えは実際には最低のアイデアだった。とにかく、何か別のことを実行しよう。

複雑な思いのまま、王子は身体をきれいに洗い、川のほとりまで行って大きな木を見つけ、そこでまた決意する。

「あの木の下に座ろう。そして、別の壮大な考えが浮かぶまで立ち上がるまい」

伝説によれば、王子はその木の下に四十九日間も座っていたそうだ。同じ場所に四十九日間座っていることが生物学的に可能かどうかはともかく、これだけは伝えておきたい。座っているあいだに、王子はいくつもの深遠な悟りにたどり着いたのだ。

そのひとつが「人生は苦である」だった。富む者はその富のために苦しみ、貧しい者はその貧しさのために苦しむ。家族のない者は家族をもたないために苦しみ、家族のある者はその家族のために苦しむ。世俗的な快楽を追い求める者は、その世俗的な快楽のために苦しみ、世俗的な快楽をつつしむ者は、そのつつしみのために苦しむ。

こうした苦しみが、すべて同じだということではない。確かに苦しさにも格差がある。しかし、それでもなお、僕らは苦しまなければならないのだ。

何年もあとになって、王子は自らの哲学を打ちたて、世界に伝えた。その第一の、かつ中心的な教義がこれだ——「苦痛と喪失は避けられないものであり、それに抗《あらが》おうとする思いは断ち切らなければならない」。

その後、王子は「釈迦」として知られるようになる。初耳の人もいるかもしれないので念のために言っておくけど、とにかく釈迦って人はすごい人物だった。

僕らが思い込んだり信じたりするには、多くの場合、その根拠となる前提がある。

幸せとは、人ががんばって取り組み、勝ちとり、成し遂げるものだ。Xを成し遂げたら、僕は幸せになれる。Yみたいになったら、僕は幸せになれる。Zのような人と一緒にいたら、僕は幸せになれる。

しかし、この前提が問題である。幸せとは、解いていけば答えが得られる方程式ではない。

不満感や不安感は、生まれながらもっている人間の本質だし、幸福感をつくり出すための必要

不可欠な構成要素でもある。

このことを釈迦は宗教的・哲学的な観点から主張した。そして僕も、この章で同じ主張をするつもりだ。僕の場合は生物学的な観点からで、主役はパンダだ。

「〝問題のない人生〟なんて望んじゃダメだ」

僕が生み出したスーパーヒーローは、その名も「がっかりパンダ」。安っぽいアイマスクをつけ、その大きなパンダ腹には小さすぎるシャツを着ている。彼はその強力なパワーでもって、人々に辛辣《しんらつ》な真実を告げてまわる。その真実は、人々にとって受け入れたくないものばかり。

聖書のセールスマンのように、彼は戸別訪問をしていく。一軒ずつ玄関のチャイムを鳴らしては、こんな話をするのだ。

「本当にね、たくさんお金を稼ぐとよい気分になりますよね。でも、それで子どもさんたちがあなたを愛するようにはなりませんよ」

「あなたが奥さんのことを信じているのかどうか自問することがあるなら、たぶん信じてないということですね」

「あなたが『友情』だと思っているのは、実は人によいところを見せようとする行為のことですな」

言い終わると、パンダは「ごきげんよう」と挨拶して、おもむろに隣の家へ向かう。

素晴らしい！　でも気分が悪くなる。悲しくもなる。そして、すべて必要なことだ。人生のもっとも重要な真実は、たいてい耳が痛くなるものなのだ。

がっかりパンダは、僕らの誰もが望まず、それでいて誰もが必要とするヒーローだ。彼のおかげで嫌な気持ちになるけれど、人生そのものはよくなる。僕らをこき下ろすことで、僕らにより強いパワーを与える。僕らに闇を見せることで、僕らの未来を明るく照らす。


せっかくなので、いまから僕はがっかりパンダのマスクをつけて、不愉快な真実をもう一発君にお見舞いしよう。

「苦痛を感じるのは生物学的に理にかなっている」

人間はもともと、自分のもっているものに満足せず、もっていないものによってのみ満足するように仕組まれている。この絶えず不満足である状態のために、人類という種は戦ったり努力したり、建設したり征服したりし続けてきた。そう、僕らの痛みやみじめさは人類進化のバグではなく、ひとつの特性なんだ。

痛みは、僕らの体のもっとも効果的な行動促進剤である。簡単な例として、つま先をテーブルにぶつけるとしよう。君が僕みたいな人間なら、「バカヤロー」と大声を張り上げるだろう。

そして、罪のない無生物に向かって、「アホか、このテーブルは！」などと言う。それとも、「どこのバカがこんなところにテーブルを置いたんだ？」とのたまうかもしれない。

我ながらよく脱線するもんだ。とにかく、つま先をぶつけたために起こる激痛、君も僕も大嫌いなその痛みは、ある重要な役割を担っている。肉体的な痛みは、僕らの神経系統の産物であり、僕らに肉体的なバランス感覚を与えるフィードバック機能として働くのだ。

痛みがあるから、僕らは「どこに動くのはよくて、どこに動くのはいけないか」とか、「何に触るのはよくて、何に触るのはいけないか」を察知できる。その限界を超えて動いたり触ったりすると、神経系統が僕らにきっちり罰を与え、次からは注意して二度と同じことをしないようにと教えるんだ。

だからこの痛みは、どれほど僕らが嫌いだろうと、役に立っている。幼なかったり、不注意だったりする僕らに、何に気をつけるべきかを教えてくれるのだ。僕らにとってよいものと悪いものを示し、人間には限界があることを理解させる。熱いストーブの近くでふざけたり、壁のコンセントに金属を突っ込んだりしてはいけないことも教えてくれる。

痛みは肉体的なものだけではない。実は、**肉体的な痛みと心理的な痛みの違いを、僕らの脳はたいして区別できない**という研究結果が出ている。僕は初めてつき合った彼女に捨てられたとき、心の真ん中にアイスピックがゆっくりと刺さってくる感じがした。これは誇張ではない。

体に激痛を感じるほど、心の痛みが強烈だったということだ。

肉体的な痛みと同じように、心理的な痛みも「何かがバランスを崩している」ことを示し、「何かが限界を超えている」ことを警告してくれる。心理的な痛みは絶対的な悪ではなく、場合によってはプラスに働くこともある。拒否や失敗がもたらす心の痛みもまた、今後どうやったら同じ間違いを避けられるかを僕らに教えてくれるからだ。

だからこそ、人生において避けられないさまざまな不快感を遠ざけて、自らを甘やかすような社会は非常に危険だといえる。僕らが痛みを感じないままに過ごせば、僕らをとりまく世界の現実から切り離されていくことになるんだ。

さっき、がっかりパンダがやってきて、二人でマルガリータを飲んだんだ。

「問題は絶対に消え去らないよ。ちょっとよくなるだけ」と彼は言う。

「人生ってのは本質的に、尽きることのない問題の連続なんだよね。ひとつの問題を解決すると、それが今度は次の問題をつくるだけなんだ」

ところで、このしゃべるパンダはいったいどこから現われたんだ？

「問題のない人生なんて望んじゃだめだ」またパンダが言った。

「そんなものはないからね。代わりに、**よい問題でいっぱいの人生を望むといい**」

それだけ言うと、おもむろにグラスを置いてソンブレロをかぶり直し、がっかりパンダは夕陽に向かって去っていった。

では、〝幸せ〟はどこにあるのか

人生には問題が絶えずつきまとう。

ジムの会員になって健康の問題を解決しようとすると、別の新しい問題をつくり出すことになる。たとえば、「ジムの時間に遅れないように早起きしなければならない」とか、「シャワーを浴びて着替えてから仕事に行かないとオフィスじゅうが汗臭くなってしまう」とか。

パートナーと過ごす時間が少ないという問題を解決するために、水曜の夜は「デートの夜」と決めると、また新しい問題が生まれてくる。たとえば、「毎週毎週、二人とも満足できるようなことを探さなくてはならない」とか、「そこそこのディナーに連れていくにはお金をもってなきゃいけない」とか、「二人ともうすうす感じている〝相性がよくない問題〟にどう対処するか」とか。

問題が絶えることはないのだ。ただ、ちょっと入れ替わったり、アップグレードされるだけ。

幸せは問題を解決することから生まれる。キーワードは、この「解決する」にある。

もし問題を避けていたり、または何も問題はないと感じているなら、自分がみじめになるだけだ。もし解決できない問題をかかえていると感じているなら、それもやっぱり自分がみじめになるだけのこと。**ポイントは「問題を解決すること」そのものにある。もともと問題がないことにあるのではない。**

幸せであるためには、解決する何かが必要だ。幸福はひとつの活動であって、受動的に授けられるものではないし、新聞記事のなかから奇跡的に見つかるものでもない。自宅にもうひとつ部屋をつくる資金ができたからって、それでひょっこり幸福がやってくるなんてことはない。どこかで幸せがあなたを待っていて、それをたまたま見つけるなんてこともない。

幸福は、絶えまなく「進行」していくなかにある。問題を解決すること自体が、絶えまない「進行中の作業」だからだ。今日の問題に対する解決策が、明日の問題の基礎をつくり、それがまた次の日の問題の基礎になるという具合に。自分がかかえて解決することを楽しめる、そんな問題を見つけたとき、幸福はそこに存在するのだ。

それが簡単な問題のときもある。何か美味しいものはないか、今度の旅行はどこがいいか、新しいテレビゲームで勝つには、などがそう。

抽象的で複雑な問題のときもある。母親との関係を修復すること、愉快にやっていける仕事を見つけること、友情をもっと深めること、など。その問題がどんなものであれ、そのコンセプトは同じだ――問題を解決せよ、そうすれば幸せになれる。

しかし残念ながら、多くの人にとって人生はそんなに単純ではない。次のふたつの要素（ときにはその両方）が人生を難しくしてしまうからだ。

1　否定——もともと自分に問題が存在することを否定する人がいる。そして、現実を否定するために、現実から離れた妄想をいだいたり、現実から目をそらしたりしなければならなくなる。一時的にはそれでよい気分になれるが、いずれ不安感や抑うつに苦しむ人生を送ることになる。

2　被害者意識——自分の問題を解決するために何もできることはないと、意図的に信じる人がいる。実際にはできることがある場合でもだ。被害者を名乗る人たちは、問題の責任を他者に負わせるか、または外的な環境に責任を押しつける。一時的にはそれで気は晴れるが、いずれ怒りや無力感や絶望に苦しむ人生を送ることになる。

自分の問題を否定したり、問題を巡って他者を責めたりするのには理由がある。そのほうが簡単で気持ちがよいからだ。かたや、問題を解決するのは難しいし、嫌な気分になることも多い。

否定や責任転嫁によって、僕らは手っ取り早くハイになれる。それは一時的に問題から逃れる方法であり、そういう逃避行動で僕らは急に元気になったりすることもある。

ハイな状態にもいろいろなものがある。アルコールによる高揚もあれば、他者の非を責めることで得られる道徳的な正義感もあれば、危険な冒険にともなう興奮もある。いずれにしても、ハイな気分はもろく、非生産的であり、それで一生やっていけるものではない。

自己啓発の世界では、人々にハイな状態を売りつけることに主眼が置かれ、問題の解決をなおざりにしているケースが多い。自己啓発のコーチたちは、新しい否定の仕方を教え、短期的によい気分になるメソッドで精神を鍛えようとするが、その一方で、根本にある問題を無視している。

思い出してほしい。**実際に幸せな人は、鏡の前に立って「自分は幸せだ」と言い聞かせる必要がない**ことを。

ハイな気分は依存症も引き起こす。根本的な問題を気にしないためにハイな状態に頼れば頼るほど、ハイになるチャンスを次から次へと求めていく。そして、ハイな気分でなければ生きていけなくなってしまうのだ。

僕らはみんなそれぞれに、自分の問題から生じる痛みを感じないようにする手段をもっている。それが適度な場合は問題ない。しかし、長く避ければ避けるほど、そして長く感じないようにすればするほど、最終的に問題に対峙《たいじ》したときの痛みは強烈になるものだ。

自分を信じすぎてはいけない

感情はあるひとつの目的で進化してきた。人間の生存と繁殖を助けるために。それだけだ。僕らにとってよいことかまずいことか、どちらが起こりそうかを知らせるためのフィードバック機能であり、それ以上でも以下でもない。

一度熱いストーブに触って痛い思いをすると、二度と触らなくなるのと同じように、一度一人ぼっちの悲しさを味わうと、二度と一人ぼっちになるようなふるまいをしなくなる。悲しさという感情は、望ましい変化を促《うなが》すために発信される生物学的な信号にすぎない。

いま、どこか気分がすぐれないというなら、それは脳が「解決されていない問題がありますよ」と、自分に向かって発信しているからだ。言葉を変えれば、ネガティブな感情は行動への呼びかけだということ。つまり、そういう感情をもつのは、自分が何かをしなければならないときだということだ。

一方、ポジティブな感情は、適切な行動をとった見返りである。ポジティブな感情をもつと、人生はシンプルでただ楽しむだけでいいと思えてくる。でも、ポジティブな感情はやがて消え去ってしまう。かならず別の問題がもち上がってくるからだ。

感情は僕らの人生の方程式の一部ではあるけれど、その全体ではない。何かがいい感じがするからといって、それがいいこととはかぎらないし、何かが嫌な感じがするからといって、それが悪いこととはかぎらない。感情は単なる道標《みちしるべ》であり、神経生物学的に僕らに与えられた提案にすぎない。従うべき戒律ではないのだ。だから、**自分自身の感情をいつも信用してはいけない。それどころか、疑ってかかる癖をつけたほうがいい**と、僕は思っている。

さまざまな社会的・文化的な理由で、感情（特にネガティブな感情）は抑えるべきだと教えられることが多い。しかし残念ながら、ネガティブな感情を見て見ぬふりをするのは、問題の解決に役立つフィードバック機能の多くを否定することになる。その結果、人生を通じて問題をうまく解決できずに苦労する。そして問題を解決できないと、人は幸せになれない。くり返しになるが、痛みはある大事な役目を果たしているのだ。

自分と感情を同一視しすぎる人がいる。「自分がそう感じる」という理由だけで、すべてを正当化する人だ。「そりゃまあ、お前の車のフロントガラスを割ってしまったよ。でもね、ものすごく俺は怒ってた。だから仕方なかったんだ」とか、「学校を退学してアラスカに引っ越した。とにかく、それが正しいと感じたからね」とか。

物事を直感で決断すると、ほとんどの場合、ロクなことにならない。感情に基づいて全生活を送るのは誰だか知ってる？　三歳児だ。それと犬も。

感情にとらわれたり過度にこだわったりすると、自分の期待した結果にはならない。理由は簡単。感情は長続きしないからだ。今日僕らを幸せにしているものが何であれ、それが明日になっても僕らを幸せにすることはない。なぜかといえば、僕らは生物学的に常にもっと何かを求めるように生まれついているからだ。

幸せに固執することは必然的に、もっと何かを――新しい家、新しい恋愛、子どもをもう一人、さらなる昇給を――永遠に追い求めることになる。そして粉骨砕身《ふんこつさいしん》の努力にもかかわらず、結局、気分は出発点と変わらなかったりする。「まだまだ不十分だ」と。

こうした傾向を心理学者は**「ヘドニック・トレッドミル（長続きしない幸福感）」**と呼ぶ。生活環境を変えるために僕らは常に必死になって働くが、実際はたいして変わったとは思えないという概念だ。

これが、問題はくり返し現われ、そして避けられないことの理由である。

あなたの結婚する相手は、あなたのけんか相手になる。家を買えば、いつか修理せねばならない。夢だった仕事も、いずれストレスの原因になる。何かを得れば、かならず何かが犠牲になるのだ。

何かに対して気分がよくなれば、それがかならず気分を悪くする原因になる。僕らが手にするものはすべて、僕らが失うものでもある。

まるでのみ込みにくい錠剤みたいだ。そう簡単には受け入れられない。僕らは、実現可能で究極的な幸福のかたちがあると思いたいから。すべての苦しみは消し去ることができると思いたいから。そして、永遠に自分の人生を満ち足りたものにできると思いたいから。

でも、それは無理なんだ。

「苦労の種類」も自分で選べる

「君が人生に求めるものは何？」と僕がたずねたときに、「幸せになりたいし、立派な家庭と好きな仕事をもちたい」みたいに答えるとしたら、その答えは普通すぎてなんのおもしろみもない。

いい気分になるのは誰でも楽しい。誰もがのんびりと幸せで気楽な暮らしがしたいし、素敵な恋人が欲しいし、見た目も完璧で、お金も稼いで、みんなから尊敬され称賛されるような人間になりたい。みんな、そうなりたい。そうなりたいと思うのは簡単だ。

では質問を変えよう。ほとんどの人が考えたことのない質問だ。

「人生でどんな苦しみを味わいたい？　どんなことなら苦労してもいいと思ってる？」

つまり、どんな人生を送りたくて、そのために何を犠牲にできるかということだ。

たとえば、ほとんどの人が会社の役員になって大金を稼ぎたいと思う。だけど、そのために長時間勤務や長距離通勤、退屈な文書業務、それに独裁的な上下関係という苦労の数々を味わいたいとは思わないだろう。

ほとんどの人が、素敵な恋人とつき合いたいと思う。でも、そこへ行きつくために、気疲れする会話やぎこちない沈黙や、傷つけたり傷つけられたりといった感情のもつれを通過しようとは思わない。そこで折り合いをつける。折り合いをつけて、それから何年も「ああだったら？　こうだったら？」と考え続ける――ついに、その問いが「ほかには？」に変わるまで。

幸福には苦労が必要だ。本物の、真剣な、一生続く充足感と人生の意味は、自分の苦労を選んで、そして何とかやっていくことからしか得られない。

不安や孤独や強迫神経症や、ムカつく上司に苦しんでいるなら、そのネガティブな経験を受け入れて能動的に関わっていくこと。そこに解決策が存在するのであって、それを避けたり、それをすり抜けたりするなかには存在しない。

人は引きしまった身体になりたがる。しかし、何時間もジムにこもって筋トレをする苦痛と肉体的なストレスをきっちりと味わい、栄養素とカロリーを常に計算し、計画的にダイエットしないかぎり、どだい無理な話だ。

人は自分のビジネスを起こしたいと願う。しかし、リスクと不確実性とたび重なる失敗と、徒労に終わるかもしれない作業に費やす膨大な時間をいとわず、むしろありがたく思うまでにならなければ、起業家として成功できない。

人はパートナーを、配偶者を欲しがる。しかし、幾度もの拒絶に耐え、それにともなって起きる感情の乱気流を受け入れ、あるいは、決して鳴ることのない電話をぼんやり見つめなければ、素敵な誰かの心を射止めることはできない。

自分の成功を決定づけるものは、「何を楽しみたい？」ではない。問うべき質問は「どんな痛みに耐えたい？」なのだ。君は自分で何かを選ばなければならない。痛みのない人生などありえない。「酒とバラの日々」なんてわけにはいかないんだ。

「快楽」は簡単な問いだ。そして、僕らはほとんど似たような答えしか返さない。

「苦痛」という問いは実に奥深い。どんな苦痛なら受け入れる覚悟があるのか？

この問いは答えにくく、そして重要な意味をもっている。つまり、自分自身を実際にどこかへ導く問いだということだ。物の見方を変え、人生を変えうる問いなのだ。

若いころ、僕はロックスターになることを夢想していた。すご腕のギタリストが奏《かな》でる楽曲を聴くと、いつも目を閉じて、ステージの上に立つ自分の姿を想像したものだ。自分の演奏で群衆を絶叫させ、ときには甘く切ないバラードで恍惚《こうこつ》とさせる。そんな夢想で何時間も頭がいっぱいになることもあった。

僕が自分に問いかけるのは、「そんな日が実際に来るのか」ではなく、「その日はいつなのか」だった。計画は完璧だった。いずれ世に出て名をなすために適切な量のエネルギーと努力を注ぎ、時期の到来を待っていた。まず学校を卒業する。次に、機材をそろえるための費用を稼ぐ。その次は、練習するための十分な時間をつくる。その次は、最初のプロジェクトをネット配信して計画を具体化していく。それから……それから先には、何もなかった。

一生の半分以上かけて夢想したにもかかわらず、現実にはまったく実を結ばなかった。そして、長い時間かけてジタバタした末に、やっとその理由がわかった。本当はそれを望んでいなかったんだ。

日々の単調な練習、メンバーを見つける難しさ、ライブイベントに足を運んで客を集める苦労、切れた弦、破裂した真空管アンプ、車なしで重い機材を会場に搬入・搬出する作業……。

夢という名のひとつの山を二〇〇〇メートル登らなければ、頂上にはたどり着かない。なのに長い時間かかって僕が発見したのは、「山登りはあまり好きじゃない」ということだった。そう、ただ山頂を想像するのが好きなだけだったんだ。

いまなら一般論として、こんなふうに解説するだろう。僕はしくじった、僕は「腰抜け」か「負け犬」で、僕はもともと〝もって〟いなかった、僕は自分の夢をあきらめた、そして、たぶん社会からのプレッシャーに僕は負けたんだ。

しかし本当の話は、そんな説明よりずっとおもしろ味がない。本当は、僕は何かを求めていると思っていたのに、実は求めていなかったということ。それで終わり。

僕は見返りが欲しかったのであって、苦労したかったのではない。結果が欲しかっただけで、プロセスは欲しくなかった。戦いに恋したんじゃなく、勝利に恋しただけだったんだ。

そして、そんなふうでは人生はうまくいくはずがない。

自分が何者であるかは、自分がどんなことに苦労するのをいとわないかで定義される。ジムでの苦痛を楽しむ人が、トライアスロンを走り、腹筋に割れ目を刻み、ベンチプレスで小さな家をもち上げる。長時間勤務を楽しみ、出世の階段を上る術策を身につける人が、トップの地位で羽ばたける。

これは意志の力や根性の話ではない。「労なくして得るものなし」の訓戒を言いかえたものでもない。

これは、もっとも単純で基本的な、人生の構成要素なのだ。つまり、**苦労が人生の成功を決定づける**ということ。僕らのかかえる問題がそれぞれの幸福を生む――わずかによく、わずかにアップグレードした問題をともなって。

結論。これは決して終わらない〝上向きのスパイラル〟なんだ。もし、どこかの時点で登山をリタイアできると思っているなら、申し訳ないけど、君はポイントをつかみ損ねている。なぜならば、**喜びは登ることそのものにある**んだから。

PART

2

まとめ

- ◆自分のなかにある「痛み」を分析しよう
- ◆「被害者でいる」ことは、何の問題解決にもならない
- ◆「究極の幸せ」なんてものは存在しない
- ◆「苦労のカテゴリー」を選ぶことが大事
- ◆「成功」は「リスク」の隣人だ

PART 3

「平凡な自分」こそ、実は一番重要

「自尊心《プライド》の高さ」は成功につながるのか

以前、こんな知り合いがいた。ジミーと呼ぶことにしよう。

ジミーはずっと、ビジネス・ベンチャーをあれこれ展開していた。「いま何してるんだ?」と聞けば、相談をもちかけている会社の名前がスラスラ出てくるし、資金を提供してくれそうな個人投資家を探しているとも言う。チャリティ・イベントで講演をすることになっているとか、あるときは何十億ドルも儲かりそうな新型給油ポンプをどうやって思いついたかを話してくれたものだ。

いつも絶好調で、いつも生き生きしているヤツだった。会話の最中にちょっとでも隙を与えようものなら、ここぞとばかり、やれ世界がひっくり返るくらいの仕事をしているだの、やれ最近思いついたアイデアはとてつもなくすごいだの、機関銃のようにまくし立てた。そのうえ、有名人の名前をやたらと話にちりばめるから、こっちはまるで週刊誌の記者と話しているような気分になったものだ。

どんなときにも、ジミーはポジティブ思考のかたまりだった。いつも前向きで、かならず攻める糸口を見つけようとするやり手だった。「やり手」ってのがどんな意味かはともかくとして。

まずいのは、ジミーが完璧なダメ人間でもあったことだ。何もかも口先だけで、実行しないヤツだった。大方の時間は麻薬でハイになり、自分の「ビジネス・アイデア」に使うのと同じだけの大金をバーや高級レストランで消費する、いわばプロの寄生虫だった。つくり話で家族をかき回し、彼らが苦労して得た金に頼って生活しながら、未来の超ハイテクほら話で町じゅうの人たちを丸め込んだ。

もちろん、それなりの努力を見せることもあったし、そこらの有力者に売り込み電話をかけては、思いつくかぎりの有名人の名前を出して関心を引くこともあった。でも、結局は何も起きなかった。あいつのベンチャー事業は、一度として花開くことはなかったのだ。

それでも、ジミーはめげずに、つき合っている彼女に寄生したり、かなり遠い親戚にまで頼ったりする生活を二十代後半まで続けた。そして何よりも厄介なのは、本人がそれでよい気分だったことだ。

ヤツには妄想の域に達するほどの自信があった。ジミーを笑い者にしたり、一方的に電話を切ったりする相手は、ヤツの頭のなかでは「一生に一度のチャンスを逃したアホ」となる。インチキなビジネス・アイデアを非難しようものなら「無知すぎて俺の才能が理解できないだけ」ってことになり、寄生生活を指摘した日には「俺の成功がうらやましいんだろう」と逆襲を受ける。

ジミーは何がしかの金を稼ぐことは稼いだ。ただし、たいていの場合は怪しげな手段を使っていた。他人のアイデアを自分のものにして売ったり、人をだまして融資を受けたり、口車に乗せて新規事業の資本金をそっくり懐に入れたり。ときには主催者を説得して講演を依頼させ、講演料をせしめたこともある（講演のテーマは何だったのか、さっぱり見当もつかないが）。

最悪なのは、ジミーが自分のとんでもない戯言《たわごと》を信じていたことだ。ヤツの妄想は防弾チョッキ並みに頑丈で、正直なところ、こっちが本気で腹を立てるのがバカらしいくらいで、ある意味、あきれるほどみごとだった。

一九六〇年代に、「高い自尊心」を築くこと――自分に対してポジティブな考えや感情をもつこと――が、心理学の世界で熱狂的にもてはやされるようになる。当時の研究では、自分自身を高く評価する者は一般的に優れた実績を残し、問題を起こすことも少ないと総括された。

多くの研究者や政策立案者は、地域住民の自尊心を高めることが社会の利益につながると、こぞって信じるようになった。つまり、犯罪率の低下、学業成績の向上、雇用率の上昇、財政赤字の削減などをもたらすと信じられたのだ。

そうして一九七〇年代に入ると、自尊心を高める実践活動が教育政策に導入されるようになっていく。たとえば「成績のかさ上げ」が実施された。これは、成績の悪い子どもが自分の成績にあまり気を落とさないようにするためで、無意味なイベントを設けては参加賞やトロフィーを乱発する風潮も生まれた。

子どもたちには、意味のない宿題が出された。たとえば、「自分が特別な存在だと思う理由を書き出しなさい」とか、「自分の好きなところを五つ挙げなさい」とか。

ビジネスや自己啓発がらみのセミナーもあちこちで催され、そこでは「わたくしたちの一人一人がすべて例外的な存在なのですから、並はずれた成功者になることが可能なのです」というマントラが唱和された。

ところが、一世代後にはデータが出そろって、「僕ら全員が例外的な存在ではない」ことが明らかになる。

高い自尊心をもつことは、高い自尊心をもつ正当な理由がないかぎり何の意味もない。逆境や失敗のほうが、意志の強さを育て、ひいては成功する大人を育てるのに役立つ。そんなあれこれが判明してしまったのだ。いくら自尊心を高くもっても、みんながビル・ゲイツやマーチン・ルーサー・キングのようになれるわけがない。むしろジミーだらけになるだけだ。

そう、あの自尊心のかたまりのようなジミーだ。自分の優秀さをひけらかすのに時間をかけすぎて、実際に行動することを忘れてしまったジミーだよね。

自尊心を高めようという動向の問題点は、「自分にどれだけポジティブな感覚をもてるかで自尊心が計られる」ことにある。しかし、自分にどれだけの価値を見出すかを正確に計るには、自分のネガティブな面についてどう思うかを知らなければならない。ジミーのように、自分のことがとてもイケてると信じているのに、実はそいつの人生はボロボロの壊滅状態にあるとしたら、どうしてポジティブ思考が成功の源《みなもと》になるんだ？

ジミーは特権意識をもっている。つまり、実際に自分の手でつかまなくても、よいものを手にする資格があると思っているのだ。実際に努力しなくても金持ちになれると信じているし、誰も助けてくれないのに、人から好かれ、広い人脈をもてるはずだと信じている。そして、何も犠牲にしなくても、素晴らしいライフスタイルが手に入るはずだと信じている。

特権意識をもつと、人は妄想すれすれの自信をみなぎらせる。他人から見ると、この自信は一見、魅力的でさえある。場合によっては、その自信が伝染力をもち、周囲の人間にも自信をもつよう促《うなが》すこともある。

正直に認めよう。ジミーはどうしようもないペテン師だったが、僕自身、あいつとつるむのが楽しかった。ああいうのがそばにいると、自分まで不滅の勇者の気分になれる。

しかし特権意識は、「常に他人からよく思われなければいけない」という強迫観念を生み出す。そして、いつも自分をよく思っている必要があるから、結局、自分のことばかりを考えてほとんどの時間を過ごすことになる。それには、相当なエネルギーと労力が必要だ。

そして特権意識は、徐々に自己陶酔的な幻想に変わっていく。どんなことも曲解し、自分の特権意識をさらに強化させるかたちで取り扱おうとする。自分の身に起こる出来事は、自分を肯定するものか、または脅かすものかのどちらかとして見る。何かよいことが起きれば、それは自分の成し遂げた偉業だと考え、何か悪いことが起きれば、誰かが嫉妬して引きずり下ろそうとしたからだと考える。

特権意識をもつ者は鉄面皮《てつめんぴ》でもある。優越感が高まるものなら、どんなものでも信じ込む。彼らは何を犠牲にしても、見せかけの虚像を崩さない。そのためには、ときにまわりの人を肉体的・精神的に虐《しいた》げることもいとわないのだ。

しかし、本当の意味でどれだけ自己に価値を見出すかは、自分のポジティブな経験をどう思うかではなく、むしろネガティブな経験をどう感じているかで計られる。

ジミーのような人間は、どんな局面でも自分の面目の立つ成功話をでっち上げて、実際の問題から身を隠そうとする。自分の問題に立ち向かえないのだから、どんなに自己肯定しようとも、弱い人間のままなのだ。

自分のなかに高い価値を見出している人なら、自身の性格にネガティブな部分もあることを率直に見つめることができる。「そう、たまにお金のことでいい加減になることがあるね」「うん、ときどき自分の成功を大げさに言うかもしれない」「そうね、人に頼りすぎるところがあるから、もっと自立しなくちゃね」などと。そして、その部分を改善しようと行動する。

ところが特権意識をもつ者は、自分の問題を正直に堂々と認めることができないので、人生を持続的によりよく改善することができない。現状のまま次から次へとハイになることを追いかけ、ますます頑固な否定をため込んでいくだけだ。

しかし、いずれは現実が襲いかかる。そして、潜伏していた問題が再びはっきりと迫ってくる。これは絶対に避けて通れない。問題はいつそうなるか、それがどれくらい苦しいかだ。

「自分は例外」という意識

朝九時からの生物の授業中だった。僕は机の上で腕を組み、壁かけ時計の秒針が回るのをじっと見ていた。秒針はカチッと動いては、先生の声にシンコペーションをつける。先生はダラダラと、染色体やら細胞分裂の話をしていた。蛍光灯の下、空気のこもった教室に閉じ込められて、ごく普通の十三歳の子どもと同じように、僕は退屈していた。

ドアをノックする音が聞こえた。教頭のプライス先生がドアの隙間から顔をのぞかせる。

「邪魔して悪いね。マーク、ちょっと廊下まで出てきてくれないか？　あー、自分の荷物ももってきてくれよ」

変だ、と僕は思った。生徒が教頭先生のところに呼び出されることはあるけれど、教頭先生が生徒のところに来て連れ出すことはめったにない。僕は荷物をまとめて外に出た。

廊下には誰もいなかった。ベージュ色のロッカーが何百個も一直線に並んでいる。

「マーク、私を君のロッカーまで連れていってくれるかな?」

「いいですよ」僕はそう答えると、のろのろと廊下を歩き出した。だぶだぶのジーンズ、モジャモジャの髪、サイズの大きすぎるヘヴィメタバンドのTシャツ、そんな格好だ。

僕のロッカーに到着。「開けてくれるか?」プライス先生が言って、僕はそうする。

先生は僕の前に一歩出ると、僕のコートや体育バッグやリュックサックを取り出す——数冊のノートと鉛筆を残して、ロッカーのなかが空っぽになるまで。それから先生は歩き出し、「ついてきなさい」と振り返らずに言う。僕はだんだん不安な気持ちになる。

教頭室までついていくと、先生が僕に腰かけるようにと促す。先生はドアを閉めてカギをかける。それから窓のほうへ行き、ブラインドを調節して外の景色が何も見えないようにする。僕の手のひらから汗がにじみ出る。これは普通の教頭室への呼び出しじゃない。

プライス先生は椅子に座ると、黙って僕の荷物をかき回し、バッグのポケットを探り、ファスナーを開け、体操服をひっぱり出し、中身を全部床に置く。

顔を上げないまま、先生は僕に聞く。「私が何を探しているかわかるかね、マーク?」

「いいえ」僕は言う。

「ドラッグだよ」

その言葉のショックで、僕の神経は張りつめる。

「ド、ド、ドラッグ?」僕はどもる。「どんな?」

先生は厳しい顔で僕を見る。「わからんね。どんなのをもってるんだ?」

それから僕のバインダーをひとつ開けて、ペンを入れておくための小さなポケットを探る。

僕の汗が菌の増殖みたいに一気にふき出る。手のひらから腕まで広がり、いまはもう首まで汗だくだ。こめかみが脈打ち、血液が脳と顔にドクドクと流れ込む。僕は逃げ出したくなった。

「なんの話か全然わかりません」

僕は抵抗するけど、その言葉は僕の期待よりはるかに弱々しい。自信たっぷりな話し方をしなくちゃならない気がしてくる。違うか? ひょっとすると、怖がったほうがいいのかもしれない。いや、ウソつきのほうがオドオド話すもんかな?

そんな思考とはかかわりなく、僕の自信のなさは度合いを増し、自信なさそうに聞こえそうな自信のなさが、さらに僕の自信をなくさせる。地獄のようなフィードバック・ループだ。

「いまにわかるさ」と先生は言い、今度はリュックサックに注意を向ける。

僕の汗は光の速度でわき出ているに違いない。あまりにも時間が長く感じ、さっき生物の授業で見ていた時計の刻むほんの数秒が、いまでは旧石器時代の出来事のようだ。そして、僕は一分ごとに大人になり、死に近づいている。僕とプライス先生とリュックサックだけの世界で。

中石器時代あたりになって、プライス先生はリュックの捜索を終える。何も見つからなくて、先生はあわてているようだ。リュックを逆さまにして、ゴミを全部床にぶちまける。先生も僕に負けないくらい大汗をかいている。ただし、僕のは恐怖の汗で、先生のは怒りの汗だ。

「今日はドラッグなしってことか？」

先生はわざと、どうってことなさそうに言う。

「そうですよ」

僕も、わざと同じ感じで言う。

先生は僕の持ち物を広げて、一つひとつを選り分けると、また集めて積み上げていき、体育バッグの横にいくつかの小さい山をつくる。いま先生の膝の上には、僕のコートと、空っぽで生気を失ったリュックが横たわっている。先生はため息をついて、壁を見つめる。怒って床いっぱいにガラクタを放り捨てる男と、二人きりで部屋に閉じ込められた十三歳の少年。僕は泣きたくなった。

プライス先生は床の上に並んだものを見わたす。何ひとつ不正でも違法でもない。麻薬もない。校則に違反するものさえない。先生はコートとリュックサックも床に投げる。

「マーク、最後のチャンスをあげよう。君が正直に話すなら、悪いようにはしない。でもウソをついていることがわかったら、ずっと悪いことになるぞ」

僕はゴクリと唾《つば》をのむ。

「さあ、本当のことを話すんだ」プライス先生は問いつめてくる。

「今日、学校にドラッグをもってきたのか？」

涙を必死にこらえ、叫びそうになるのを押しとどめ、僕はじっと見る――僕をいじめている大人の顔を。そして訴えかけるような声で、恐怖からの解放を死ぬほど願いながら僕は言う。

「いいえ、僕はドラッグなんかもってません。先生がなんの話をしてるのか、僕にはさっぱりわかりません」

「わかった」先生は降参したように言う。

「持ち物をまとめて、もう行ってよろしい」

先生は最後にもう一回、未練たっぷりの視線をリュックサックに向ける。それはまるで「破られた約束」のように、ぺちゃんこになって床に横たわっている。

ふと思いついたように、先生は何気なくリュックに片足をのっける。そして最後の抵抗みたいに、軽く踏んづける。僕は心底願う、さっさと立ち去ってくれたらいいのにって。そしたら僕は元気を取り戻して生きていけるし、こんな悪夢もすっかり忘れてしまえる。

でも、先生の足は何かの上で止まる。

「何だ、これは?」。足でトントン踏みながら聞いてくる。

「何って、何がですか?」と僕。

「このなかに、まだ何かある」

先生はリュックを拾い上げ、底の部分を探り始める。急に部屋のなかがぼやけて見え、何もかもグラグラ揺れてる感じになる。

幼いころ、僕はかしこかった。人当たりもよかった。だけど、アホンダラでもあった。これは精いっぱい愛情を込めた呼び名だ。反抗的でウソつきのちっぽけなアホンダラ。

十二歳のとき、自宅のセキュリティ・システムを冷蔵庫のマグネットで操作して、夜中に誰にも気づかれずに家を抜け出したことがある。よく友だちと二人で、そいつの母さんの車をニュートラルにして表の通りまで押していった。そいつの母さんを起こさずに車を乗り回すためだった。

よく中絶についてレポートを書いた。その理由は、国語の先生が徹底的に保守的なクリスチャンだったからだ。別の友だちとは、そいつの母さんからタバコを盗んでは、学校の裏で生徒に売りさばいた。

そして、リュックサックの底に秘密の切り込みを入れて、そこをマリファナの隠し場所にしていた。プライス先生はそこを踏みつけて、そいつを探し当てたんだ。

プライス先生は手加減しなかった。数時間後、パトカーの後部座席で手錠をはめられた僕は、「これで人生は終わった」と思った。

ある意味、それは正しかった。両親が僕を〝自宅隔離〟にしたからだ。しばらくは友だちを一人ももてないことになった。

そして退学処分が決まると、ホームスクーリング（家庭学習）を受けることになった。母さんに髪を切らされ、ヘヴィメタバンドのTシャツを全部捨てさせられた。一九九八年の青少年にとって、これは八つ裂きの刑を宣告されたも同然だった。

父さんには毎朝会社に連れていかれ、何時間も書類のファイリングをやらされた。ホームスクーリングが終わると、小さな私立のミッション系スクールに入学し、当然のことながら、そこにはあまりなじめなかった。

そして、ようやく清く正しい生活を始め、宿題も提出し、立派な聖職者の仕事に価値があることを学んだころ、両親が離婚することを決めた。


こんな話をするのは、僕の思春期がどうにもこうにも最低だったってことを言いたいためだ。友だちをみんな失い、社会活動の場を失い、法的に認められた権利を失い、そして家族を失った――九カ月かそこらのあいだに。

二十代のころ僕についたセラピストは、後年、これを「とんでもないトラウマになるクソ体験」と呼んだ。僕はその後の十年をそのクソ体験の解明に費やし、自己陶酔と特権意識にのぼせ上がったちっぽけな自分から、少しずつ脱することができるようになった。

当時の僕の家庭の問題点は、ひどい言葉が飛び交ったり、ひどい行為がなされたことではない。むしろ、ひどい言葉が飛び交ったり、ひどい行為がなされるはずなのに、そんな言葉や行為がなかったことだ。

僕の家族は徹底した防御主義者だった。火事で家が焼け落ちそうになったとして、その真っただなかにいてさえ、こんなふうに言ってのけたに違いない。

「大丈夫、大丈夫。なかにいると、少し暖かいけどね。でも、本当に大丈夫だから」

両親が離婚したとき、皿は一枚も割れず、ドアは一度もバタンと閉められず、どちらかが浮気したという怒鳴り合いもなかった。

両親は僕ら兄弟に「あなたたちが悪いんじゃない」と言って安心させ、四人全員で質疑応答の話し合いをした。そう、ホントなんだ、新生活に入るうえでの取り決めを話し合った——涙ひとつこぼさず、一度も声を荒らげることなく。僕ら兄弟が両親の感情を垣間見ることができたのなんて、せいぜいこんな言葉を聞いたときくらいのものだった——「二人とも浮気はしなかった」。

ああ、素晴らしいじゃないか！　部屋のなかは少し暖かかったけどね。ホントに大丈夫だったんだよ。

両親は善良な人たちだ。二人のことをとやかく言うつもりはない。それに、僕は両親のことが大好きだ。二人には二人のストーリーがあり、二人のたどった道があり、そして二人の問題がある——すべての親にあるように。そして、その親にも、そのまた親にもあるように。

そして、すべての親と同じように僕の両親も、よかれと思って彼らの問題のいくつかを僕に分け与える——たぶん僕自身も我が子に分け与えるんだろう。

こんな「とんでもないトラウマになるクソ体験」をすると、僕らは無意識に、自分にはどうしても解決できない問題があると感じ始める。**自分の問題を解決できないという、この〝推定無力感〟が、僕らがみじめで救いようのない気持ちになる原因**だ。

そして、それはまた別の現象を引き起こす。解決不能な問題をかかえると、僕らは無意識にこう考えるんだ。自分だけが特別なんじゃないか、それとも、自分にだけ欠陥があるんじゃないかって。つまり、ほかのみんなとはどこか違っていて、きっと自分には何か別のルールが当てはまるんだって思うようになる。

簡単に言えば、僕らは「特権意識」をもつようになるってこと。

思春期の苦痛が僕を特権意識の道へと導いた。それは成人してからも続き、何年かはその状態のままだった。

僕のトラウマは、「親密になること」と「受け入れられること」を中心に展開していた。その過剰な埋め合わせを絶えず必要とし、僕はいつだって愛されるし受け入れられるってことを自分に証明する必要があった。

その結果、女性を追っかけ回すようになる。そう、手当たりしだいにね。僕はプレイボーイになった。未熟でわがままで、たまにチャーミングなプレイボーイ。そんな感じでその後の十年間の大半を、表面的で不健康なだけの関係を片ときも切らさずに突っ走ったわけだ。

別にセックスそのものを渇望していたのではない。僕が求めていたのは「検証」だった。誰かに求められている、愛されているという検証だ。

物心ついて初めて、僕は自分に価値があると感じた。検証したくてたまらない欲求により、またたくまに僕にはひとつの習慣が身についた。常に自意識を強化し、自分を過度に甘やかすという習慣。つまり、何でも言いたいことを言い、やりたいことをやる特権が自分にはあると思うようになったのだ——女性の信頼を裏切り、女性の気持ちを無視しても、あとから心にもないウソっぱちの謝罪をして正当化すれば、それで許されると。

この時期には楽しくて興奮する瞬間もあったし、何人かの素晴らしい女性とも出会ったけれど、僕の生活は一貫してすさんでいた。何度も失業したり、友だちの部屋に寝泊まりしたり、過ぎるほどの酒を飲んだり、たくさんの友だちと疎遠になった。

苦しみが深ければ深いほど、僕らは自分のかかえる問題に対して無力感をいだく。そして、その問題を穴埋めするために、さらに強い特権意識をもとうとする。この特権意識は、こんなふうに表われる。

1　僕はすごい。そしてほかのみんなはダメ人間。だから、僕は特別な待遇を受けて当然

2　僕はダメ人間。そしてほかのみんなはすごい。だから、僕は特別な待遇を受けて当然

正反対のふたつの考え方だが、ふたを開けてみれば、身勝手で都合のいい共通の論理がその中心にある。

実際、特権意識をもった人たちがこのふたつを行ったり来たりするのをよく見かけるんじゃないかな？　世界の頂点にいるか、世界のドン底にいるか――その日の気分で、またはそのときの依存対象とうまくいってるかどうかで決まるんだ。

ジミーのように妄想まがいの自尊心をもつ人間と同じく、年がら年じゅう、自分は劣っていて世のなかの役立たずだと思っている輩《やから》も、利己的な自意識でいっぱいだ。

本当のことをいえば、個人的な問題などというものはありえない。自分がかかえているその問題は、おそらく何百万もの人々が過去にかかえていたし、いまもかかえているし、将来もかかえるはずだ。だからといって、問題が小さくなるわけでもないし、つらさがなくなるはずもない。そして、自分が本当の被害者にはならないという意味でもない。

ただ、**「自分は特別な人間じゃない」**ということだ。

その問題がどれほど過酷だろうと苦痛だろうと、それはそうなる特権があるからではなく、問題自体に特権があるわけでもない。ここをよく認識すること。それが、問題解決に向かう最初の、そしてもっとも重要な一歩となる。

しかしどういうわけか、ますます多くの人が、とりわけ若者たちがこのことを忘れているみたいだ。多くの教育者が、「いまの若者には心のレジリエンス（回復力）が欠けていて、身勝手な要求をすることが多すぎる」と指摘する。スクール・カウンセラーの報告によると、以前よりも多くの学生が、ごく普通のありふれた大学生の経験――ルームメイトとの口げんかや、学業成績が悪いことなど――に対して激しく苦悩する傾向にあるという。

自己表現の自由を与えられれば与えられるほど、ますます僕らは異論をもつ人や気分を壊す人とつき合いたくないと感じ、それこそ個人の自由だろうと考える。反対意見に身をさらせばさらすほど、反対意見が存在することに動揺してしまう。問題のない気楽な生活になればなるほど、もっとよい生活を送る特権があると感じてしまう。

インターネットやソーシャル・メディアがもたらした恩恵は、間違いなく素晴らしい。いろいろな意味で、生きる者にとっていまは最高の時代だ。しかし、このテクノロジーは、意図しなかった社会的な副作用を引き起こしている。大多数の人々を解放したこのテクノロジーが、一方ではいままで以上の特権意識を人々に与えているのだ。

歓迎すべき「凡庸さ」

僕らのほとんどは、ほとんどのことを平均的にしかこなせない。仮にひとつのことで例外的に秀でているとしても、たぶんほかのことについては平均的か、または平均以下でしかない。それが人生の本質だ。

何かに本当に秀でるためには、とてつもない時間とエネルギーを注がなければならない。でも、僕らには限られた時間とエネルギーしかないのだから、ひとつ以上のことを本当に例外的に極める人なんか、いなくて当たり前なのだ。

一人の人間が人生のあらゆる分野で並はずれた実力者になることは、統計学的にいっても不可能である。才気あふれる実業家でも、私生活ではヘマをやらかす。超一流のアスリートが、ほかの分野では能なしの場合も多い。セレブにしたって、たぶんその多くが、彼らのことをボケーッと眺めたり追っかけ回したりする一般人とほとんど変わらない。

僕らはみんな、たいがい平均的な人間なのだ。

インターネットを利用でき、無数のテレビ番組を視聴できることは実に素晴らしい。しかし、僕らがそういうものに注目するにも限りがある。津波のようにどんどん押し寄せてくる大量の情報を処理できるわけがない。

年がら年じゅう、朝から晩まで、僕らのまわりは本当に並はずれた出来事であふれ返っている。とびきり最高だの、とびきり最低だの、とてつもなく鍛え上げた肉体美だの、とてつもなく笑えるジョークだの、一番頭にくるニュースだの、史上最悪の脅威だの……キリがない。

いま僕らの生活は、人間の体験する物事の、いわば〝釣鐘曲線《つりがね》〟のもっとも極端な少数部分からの情報でいっぱいだ。なぜなら、そのほうがメディア・ビジネスで多くの注目を得られるから。注目を得るということは、お金を得るということ。なんであれ、そこが重要ってわけだ。でも大多数の人は相変わらず平凡な生活をしている。大多数の生活は並はずれていないし、実はごく平均的なんだ。

この極端な情報の氾濫《はんらん》のために、僕らは「例外性こそが新しい正常値だ」と信じてしまう事態に陥っている。そして、平均的な人間であるところの僕たちは、そういう大量の例外的な情報のせいで、ひどく不安定になったり絶望的な気持ちになったりする。だって、「どう考えても自分はダメだ」ってことになるから。

そんなわけで、ますます特権意識をもったり依存症を起こしたりして、穴埋めしないではいられなくなる。僕らは知っているやり方でしか対処できない——つまり、自分の権利拡大か、他者の権利拡大かのどちらかしかないってことだ。

一攫千金《いっかくせんきん》の策略で乗りきろうとする者がいれば、世界に飛び立ってアフリカの飢えた赤ん坊を助けにいく者もいる。学業で賞を総なめにする者もいれば、学校を銃撃する者もいる。誰とでも片っ端からセックスしようとする者もいる。

こうして、僕がさっき話したみたいな特権意識の文化ができてくる。こういう文化的シフトの原因は「ミレニアル（新世紀）世代（訳注：二〇〇〇年代に成人を迎えた世代を指す）」にあるとよく言われる。それはおそらく、この世代がもっともデジタル世界とつながっていて、何でも視覚的に取り込むからだろう。

実際、特権意識の傾向は、社会のすみずみまで広がっているようだ。そして、これはマスメディアによって引き起こされた「例外性偏重」に関連があると僕は確信している。

問題なのは、テクノロジーとマス・マーケティングの普及で、自分自身に対する期待感がとんでもない高みに達してしまったということだ。

例外的であることをもてはやす風潮は、人に自信をなくさせ、もっと極端でもっと過激でもっと自信満々じゃないと、他人から気にも留められないし大事にもされないと思い込ませる。

僕が若者だったころ、人と親密になるのには不安感があった。その感覚は、当時の流行《はや》りだった「男らしさ」というバカバカしい概念のせいで、よけいにひどくなっていたと思う。

そして、同じような概念はいまも蔓延《まんえん》している。「クールな男でいろ」「ロックスターのようにパーティを楽しめ」「尊敬を集めろ」「女性からウットリされなきゃだめだ」などと。

こういう現実離れしたメディア攻勢をひっきりなしに受ける僕らは、もともともっている不安感を募らせ、非現実的な基準に到達できないと、挫折感をいだいてしまう。そして、自分がどうしようもない負け犬に見えてくるのだ。ひとたびネット検索をすれば、悩みなんか全然なさそうな人を何千人も目《ま》の当たりにしてしまうのだから。

「特別じゃない」から可能性が見えてくる

「僕ら全員が何かずば抜けたことをするように運命づけられている」というのが、いまの社会通念だ。セレブもそう言うし、財界の大物もそう言うし、政治家もそう言う。だから本当にそうなんだろう。皆それぞれにピカイチになれるわけだ。全員が超一流になっていいってこと。ずいぶん矛盾した話じゃないか？　だって、もしみんながピカイチだったら、その定義からして誰もピカイチってことにならないんだから。

ほとんどの人がそれを見過ごしている。実際の僕らには何がふさわしく、何がふさわしくないかと考えることもなく、そんな話を真《ま》に受け、そのうえもっと聞きたがる。

「平均」でいることは、新しい基準では「失敗」になる。一番悪いのはその他大勢のなかにいること、釣鐘曲線の真ん中にいること、という論理だ。すると、釣鐘曲線の下がりきった末端にいるほうがましだということになる。そこにいれば、少なくとも特別でいられるし、注目される価値もあるから。まわりのみんなに、自分が一番みじめだとか、一番虐げられてるとか、一番の被害者だと証明するのに生きがいを感じる人がなんと多いことか。

平凡であることを受け入れるのが怖い人もたくさんいる。もし受け入れれば、何も成し遂げられず、何も上達せず、人生が意味をなさなくなると信じているのだ。

こういう考え方は危険だ。「人の一生は真に注目に値する素晴らしいものでないかぎり生きる価値がない」とする前提を受け入れると、全人類の大半が（自分を含めて）つまらなくて無価値だということを受け入れなくてはならなくなる。

なかには本当に秀でている人もまれにいるが、そういう人たちは、「自分は例外的な存在だ」と思ってそうなったのではない。むしろ、**「上達へのこだわり」があったからこそ、素晴らしい実力者になった**のだ。

その「こだわり」は、ひとつの確固とした信念から生まれる。「自分は、実のところたいしたことはない」という信念だ。いわば反・特権意識である。**人が何かで優秀になれるのは、まだ優秀でないことを自覚しているから**だ。自分は平凡で平均的だ、だからもっともっと上達できるだろう、と。

「誰でもピカイチになれるし、立派なことを成し遂げられる」なんていう話は、人間のエゴをくすぐっているだけ。口当たりはいいけれど、腹の足しにならないカロリー・ゼロの食べ物と同じで、そんなメッセージでは心の栄養にはならない。

心の健康は体の健康と同じで、いろんな野菜を食べることが早道になる。つまり、味気なくて月並みな人生の真理を受け入れること。

「万物の摂理のなかでは、あなたの行動はたいして重要ではない」「あなたの人生は注目に値するものではないが、それで問題ないのだ」——そんな言葉を受け入れるのだ。この野菜コースは、最初はまったくおいしくないと思う。

しかし一度摂取すると、身体は生き生きとエネルギッシュに目覚めるんだ。ともかく、「すごい人になって注目の的にならなくちゃ」という、あの絶えまないプレッシャーは取り除かれる。**いつも自分が不十分だと感じるストレスや不安も、他人から認められたいという強迫観念も消えてなくなる。**

そして、自分自身がありふれた存在でかまわないということを認識し受け入れることによって重荷から解放され、本当に成し遂げたいと願うことを成し遂げられるようになる——何者にも査定されることなく、また過大に期待されることもなく。

PART

3

まとめ

◆僕たちはよくも悪くも「例外的な存在」ではない

◆自分のなかのネガティブを無理やり隠さないこと

◆「僕はすごい」も「僕はダメだ」も根底は同じ

◆「平凡さ」を喜んで受けいれよう

◆「上達へのこだわり」をもつ

PART 4

こんな「価値観」が自己実現のジャマになる

「正義の戦い」の果てに

一九四四年があと数カ月で終わろうとしていた。ほぼ十年にわたる戦時を経て、日本の景気は混迷を極め、形勢は日本不利に傾いていた。軍部は太平洋各地に攻め入ったが、そこで得た領土は、ドミノ倒しのように次々とアメリカ軍の手に落ちる。日本の敗北は目に見えていた。

その年の十二月二十六日、大日本帝国陸軍少尉・小野田寛郎《ひろお》は、フィリピンの小島ルバングに派遣された。彼に下された命令は、アメリカ軍の進攻をできるだけ食い止め、いかなる犠牲を払っても陣地を死守し、そして決して降伏しないことだった。少尉と部下たちは、これが死を覚悟すべき任務であると心得ていた。

一九四五年二月、アメリカ軍はルバング島に上陸し、圧倒的な軍事力で島を奪う。それから数日のうちに、日本軍兵士のほとんどが投降するか殺されるかするが、小野田と三人の部下はジャングルに潜伏。四人はそこから、アメリカ軍と地元民に対するゲリラ戦を展開する。物資供給ラインを攻撃し、ジャングルに迷い込んできた兵士を銃殺し、可能なかぎりの手段でアメリカ軍に対する妨害工作を行なった。

一九四五年八月、アメリカは広島と長崎に原子爆弾を投下する。日本は降伏し、人類史上もっとも悲惨な戦争は終結した。

ところが、太平洋上の島々にはまだ何千人もの日本兵が散り散りに取り残され、その多くが小野田たちのようにジャングルに身を潜め、戦争が終わったことを知らなかった。残留兵士たちは、それまでと変わらない戦闘と略奪行為を続ける。戦後の東アジア復興にとって、これは深刻な問題だった。そこで、各国の政府は何らかの対策をとることで合意する。

アメリカ軍は日本政府の協力を得て、太平洋上の各地に何千枚ものチラシを撒《ま》いて戦争が終わったことを知らせ、帰国を促《うなが》した。小野田と部下たちもチラシを見つけて読んだが、ほかの兵士たちとは違って、小野田はチラシを偽物だと判断した。ゲリラ戦士をおびき出すために敵軍が仕組んだ罠《わな》だと考え、小野田はチラシを燃やし、部下とともに潜伏し戦い続ける。

五年が過ぎた。チラシ投下はすでに終わり、とうの昔にアメリカ軍のほとんどが撤退していた。ルバング島の地元民は、農業と漁業の普通の暮らしに戻ろうとしていた。

しかし、そこにはまだ小野田とその手下たちが潜伏を続けている。農民を銃撃し、作物を燃やし、家畜を盗み、ジャングルの奥までうっかり侵入してきた地元民を殺した。そこでフィリピン政府は、新しいチラシを作成してジャングル一帯に散布することにした。「出てこい。戦争は終わった。お前たちは負けたんだ」と。しかし、このチラシも無視された。

一九五二年、日本政府は、太平洋全域に残留する兵士を一人残らず引き揚げさせるための最後の作戦に乗り出す。今回は、行方不明兵士の家族から提供された手紙や写真が、天皇自らの書状とともに空中投下された。しかし、またしても小野田は偽の情報であるという信念を貫き、またしてもアメリカ人の仕組んだ罠だと考え、またしても部下たちと留まり戦い続ける。

さらに二、三年が過ぎ、恐怖におびえるのにうんざりしたフィリピン人たちは、とうとう武器をとって抗戦し始めた。一九五九年までに、小野田の仲間のうち一人が投降し、もう一人が殺される。そして十年後には、小野田の最後の仲間であった小塚という男も、地元の警察との銃撃戦で亡くなった。小塚は田んぼを焼き払っているところだった。第二次世界大戦の終結からまるまる四半世紀が経っているのに、まだ地元民を相手に戦っていたのだ！

ルバング島のジャングルで人生の半分を生きて、小野田はいまや一人きりになってしまった。

一九七二年、小塚戦死のニュースが日本に届くと、国内は騒然とした。当時の日本人は、もう何年も前に残留兵士は一人残らず帰国していると思っていたのだ。日本のメディアは考え始める。「小塚が一九七二年までルバング島にいたということは、もしかすると、最後の未帰還兵士である小野田もまだ生きているかもしれない」と。

その年、日本とフィリピン両政府は、この得体の知れない陸軍少尉を見つけるために捜索隊を送り込む――なかば伝説の男であり、なかば英雄であり、そしてなかば幽霊でもある男を捜すために。しかし何も見つからなかった。

数カ月が過ぎ、日本で小野田少尉の話は都市伝説化していく。ある者は戦争の英雄であるかのように美化し、ある者は非難した。また、架空の人物にすぎないと思う者もいた。とうに消えてしまった大日本帝国を、いまも信じていたい連中がつくり出した偶像なのではないか、と。

そのころ、初めて小野田のことを知ったのが、鈴木紀夫という名の若者だった。鈴木は冒険家であり、探検家であり、少々ヒッピーの要素もあった。

戦後に生まれ、大学を中退し、四年間ヒッチハイクでアジアやアフリカの各地を旅し、公園のベンチや知らない人の車のなかや刑務所内や、そして星空の下でも寝た。食べ物をもらうために農場でボランティアをするかと思えば、献血で金をつくって宿泊場所を確保することもあった。自由な精神をもつ、たぶん少しばかり変わった男でもあった。

一九七二年、鈴木はまた冒険に出たくてたまらなくなる。

鈴木にとって、小野田寛郎探しの旅こそ追求する価値のある新しい冒険に思えた。彼は「小野田を見つけるのは自分だ」と確信する——そうなんだ。国をあげての捜索隊や地元の警察隊が何十年もかかって見つけられなかった小野田を、なんとその日暮らしのヒッピーが見つけるつもりになっちゃったんだよ。

武器ももたず、軍事訓練もいっさい受けていない鈴木が、ルバング島におもむき、ジャングルのなかを単独でうろつき始めた。作戦はひとつ。声を張り上げて小野田の名前を呼び、「天皇陛下が心配してるよー」と叫ぶこと。

そしたらなんと、四日目に小野田を発見した。

その後しばらくのあいだ、鈴木は小野田と一緒にジャングルで生活する。すでに一年あまりを一人きりで過ごしていた小野田は、鈴木を話し相手として歓迎した。そして、情報に飢えていた彼は、この日本人を信頼し、外の世界で何が起こっているのかを聞き出した。こうして、二人は友だちのようなあいだがらになる。

鈴木は小野田にたずねる。なぜジャングルに留まって戦い続けたのか、と。

単純な理由だ、と小野田は答えた。「決して降伏するな」という命令が与えられていたからだ、と。三十年近くのあいだ、命令にただ従っていたということだ。

今度は小野田が鈴木にたずねる。なぜ君のような〝ヒッピー青年〟が捜しにきたのか、と。鈴木は「三つの探し物を見つけるためだ」と答える。「小野田少尉、パンダ、それとヒマラヤの雪男。この順番でね」

彼らは、もっとも特異な状況下で巡り合った。それぞれに栄光の虚像を追いかける、善意の冒険家二人だ。まるで日本版ドン・キホーテとサンチョ・パンサのように。

小野田は、ここまでの人生の大半を架空の戦争に捧げていた。鈴木も同じような運命をたどり、小野田寛郎とパンダを見つけ、数年後に命を落とす——そのとき彼はヒマラヤ山中で雪男を探している最中だった。

人間は往々にして、あえてムダに思えることや自己破滅的な大義のために、人生の大部分を費やすものだ。一見、このような大義に意味はない。

それでも小野田は後年、自分は何も後悔していないと話した。この選択と、ルバング島での年月を誇りに思うと言い切ったのだ。すでに存在しなくなった帝国に仕えるために、人生の大半を捧げたことは名誉であると語った。鈴木も、もし生き延びていたら、同じようなことを言っただろう。「まさしく自分のすべきことをしていただけ。なんの後悔もない」と。

この二人は、自分が何に苦しむべきかを選んだ。小野田は、死滅した帝国に忠誠を尽くす苦しみを選んだ。鈴木は、冒険のための労苦を選んだ。

もし苦しみが必然であるならば、もし問題を避けては生きられないのならば、問いかけるべきは**「どうやって苦しみから逃れるか」ではなく、「何のために苦しむのか」**でなければならない。

小野田寛郎は一九七四年に日本に帰国すると、一躍「時の人」となる。トーク・ショーやラジオ局に引っぱり出され、政治家たちから盛んに握手を求められる。本を出版し、政府から多額の見舞金の申し出もあった。

しかし、故国に帰って目にした日本の姿に、小野田は愕然《がくぜん》とする。そこには、大量消費志向の浅薄な資本主義的文化が蔓延《まんえん》していた。自分の世代が若いころに叩き込まれた、名誉と犠牲を重んじる伝統はすべて消え去っていたのだ。

これ以上の皮肉があるだろうか。小野田の気持ちは、あのジャングル時代よりもはるかに落ち込んでいた。少なくとも、ジャングルの生活は自分の生き様《ざま》を表現していた。意味をなしていた。苦しみは耐えうるものであり、ときには本望とさえ思わせるものであった。

しかし日本に戻ってからは、魂の抜けた国家がヒッピーやだらしない洋装の女たちであふれかえるのを目の当たりにして、避けようのない真実を突きつけられる。自分の戦いは無意味であった、と。命をかけて戦い守ろうとした日本は、もう存在しない。この真実の重みが、どんな銃弾よりも小野田に深手を負わせた。あの苦しみは何の意味ももたなかったと気づいた小野田は、不意に「三十年をムダにした」と実感する。

帰国後ほどなくして、小野田は身のまわりのものをまとめてブラジルに移住した。

たまねぎをむくように、内面を見つめる

「自分」をきちんと認識するという作業は、たまねぎのようなものだ。人間の心にはいくつもの感情の層が重なっていて、それをむけばむくほど、涙をこらえられなくなる。

自己認識たまねぎの一番目の層は、自分の感情を単純に理解しようとすることだ。「こんなときに私は幸せを感じる」「こんなことがあると僕は悲しくなる」「こうなると希望がもてる」というように。

残念なことに、「自分の気持ちなんてわからないし、考えたこともない」という人が多い。僕もその一人だからわかるんだ。妻と僕はときどき、こんなおかしなやり取りをする。

妻「どうしたの?」
僕「なんでもないよ。まったく問題なし」
妻「いいえ、何かあるわ。話して」
僕「大丈夫だって。本当に」
妻「そうかしら? なんとなくムッとしてるみたいだけど?」
僕(ひきつった顔で笑いながら)「そう? でも、本当になんでもないんだ」

こんな問答を三十分も続けたあと……
僕「……なんていうか、すっごく頭に来た! あいつはいつも僕をないがしろにするんだ」

「自分の気持ち」というのは、自分自身では見えないところがある。それは往々にして、「そんな感情はいだくべきではない」と教えられて育ったことと関係している。自分では見えないこの感情を認識し、うまく表現できるようになるためには、長年の経験と努力が必要だ。しかも、「感情を認識する」ことはとても重要な課題であり、また努力する価値のあることなのだ。

自己認識たまねぎの二番目の層では、**あれこれと感情がわき上がるときにいったん立ち止まって、「これはなぜだろう？」と自分に問いかけられるかどうか**が課題となる。

この「なぜ？」という問いかけに答えるのは難しく、一貫性のあるきっちりとした答えを見つけるには何カ月も、あるいは何年もかかることさえある。たいていの人は、心理カウンセラーか誰かから「なぜ？」と問われるまで、自分で問いかけることすらしない。

このような問いが重要なのは、それによって何が僕ら自身にとっての成功や失敗なのかが明らかになるということ。なぜ怒りを感じるのか？　何らかの目標に到達できなかったからか？なぜ気力も意欲もわいてこないのか？　どうせ自分はまだまだだと思うからか？

この問いかけの層は、僕らがとらわれている感情のそもそもの原因を突き止めるのに役立つ。そもそもの原因がわかれば、僕らはそれを変えるために適切な行動を起こすことができる。

しかし、自己認識たまねぎには、さらにもうひとつ深い層がある。そして、ここが涙のどんどんあふれてくるところだ。

この三番目の層は、個人のもっている価値観に根ざしている。「どうして僕はこれを成功（または失敗）と思うんだ？」「ぶっちゃけ自分をどう評価してる？」「何を基準にして自分自身やまわりのみんなを判定してる？」

この深いレベルの層まで到達するのは非常に難しい。しかし、これがもっとも重要なことだ。なぜかというと、こういった価値観によって僕らのかかえる問題の性質が決まり、問題の性質

自己認識のたまねぎ

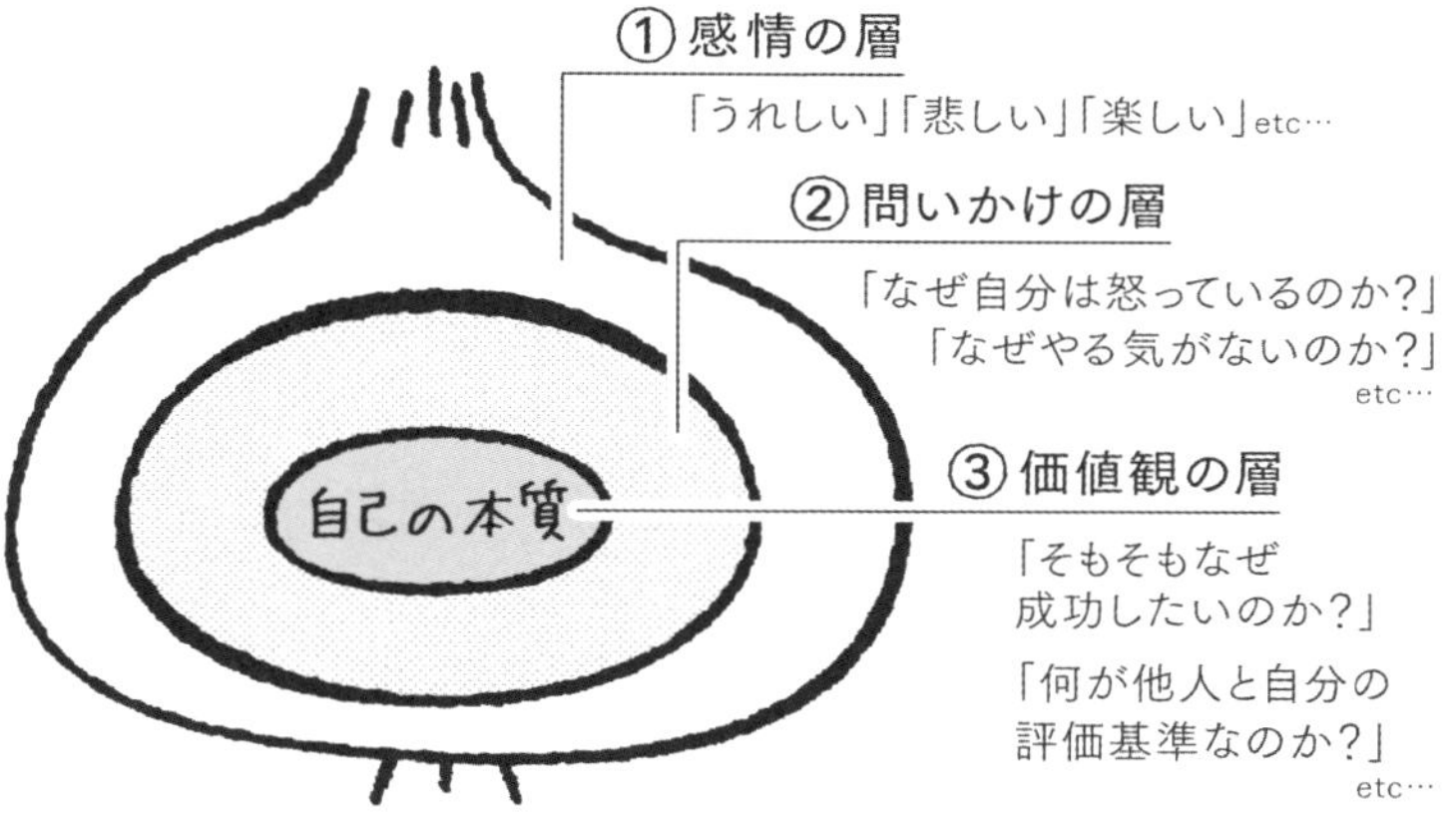

によって僕らの人生のクオリティが決まってくるからだ。

価値観は、僕らの人格や行動すべての根底にある。ある状況について僕らが考えたり感じたりすることは、すべて最終的にはその状況に自分がどれだけの価値を見出しているかにかかっているからだ。

たいていの人がこうした「なぜ？」の問いかけに正確に答えられない。そのため、自分自身の価値観を深く知ることができないでいる。

口では「誠実であることと、よき友人でいることに価値があると思う」と言う人が、嬉々として陰口を叩く。「なんだか寂しい」と気づいていても、「なぜ寂しいのだろう？」と自分自身に問いかけると、なんだかんだと結局は他人のせいにする。「みんなが意地悪だからだ」とか、「みんなダサくてバカだから話が合わない」とか言って。問題を解決しようとするのではなく、そこから逃げようとする。

多くの人が、これで自己認識が完了したと思っている。しかし、もっと深く掘り下げ、根底にある価値観に目を向けることができれば、そのときに気づくはずだ。そもそも自分自身の問題に対する責任回避を前提に自己分析していること、つまり、問題の本質を見極めたうえで自己分析していないってことに。そして、気分がハイになることを追い求めるだけで、本当の幸福をつくり出すことを基本に据《す》えていないことにも気づくだろう。

自己啓発のコーチたちも、ほとんどがこの深いレベルの自己認識を無視している。金持ちになりたくて自分がみじめに思えている人に対しては、**金を稼ぐ方法を目いっぱいアドバイスするだけで、価値観に基づく重要な問いかけはいっさいしない。**「そもそも、どうしてそんなに金持ちにならないと気がすまないのか？」「どんな尺度で自分の成功（もしくは失敗）を計ることにしているのか？」「もしかして不幸の根本的な原因は、高級車を買えないということではなくて、ある特定の価値観にあるんじゃないか？」とは決して聞かないのだ。

正直に自分と向き合うことは難しい。だが、率直な問いを自分に投げかける必要がある。心地よい答えを導き出すことだけじゃなく。僕の経験からすると、答えに窮《きゅう》すれば窮するほど、真実に近づいている可能性が高い。

ちょっと時間をとって、自分を本当に悩ませているものについて考えてみないか。そして、自分に向かって、なぜそのことで悩むのか問いかけるんだ。

もしかすると、答えは過去の失敗にからんでいるかもしれない。もしそうなら、その失敗を吟味《ぎんみ》してみよう。自分にこう問いかければいい。なぜ、それが「本当の失敗」に思えるのか？もし、それが失敗でも何でもなかったら？　もしかしたら、自分の勘違いで失敗に見えていただけかもしれないじゃないか？

世界的ロックスター2人の明暗を分けたもの

一九八三年、才能ある若きギタリストが、これ以上ないほどひどいやり方でバンドから追い出された。ちょうどバンドがレコード会社と契約を結び、ファースト・アルバムのレコーディングに入る直前のことだ。

レコーディングが始まる二日ほど前に、バンドはそのギタリストに解雇を言いわたした。警告なし、相談なし、罵声《ばせい》も怒号もなし。ギタリストにとってはまさに寝耳に水。気づくと、地元へ帰るバスの切符を手わたされていた。

ニューヨークからロサンゼルスに向かうバスに揺られながら、ギタリストは自問し続ける。「どうして、こんなことになったんだ？」「俺はどんなドジを踏んだ？」「これから、どうすればいい？」

しかしバスがロスに着くころには、自己憐憫《れんびん》を吹っきって新しくバンドを結成する気持ちを固める。この新しいバンドで大成功を収めて、俺をやめさせたことを永遠に後悔させてやる。

俺はものすごく有名になって、ヤツらは嫌でもテレビで俺の顔を見、ラジオで俺の曲を聞き、街で俺のポスターを眺めることになるんだ。ヤツらは相変わらずどこかのハンバーガー屋で肉でもひっくり返して、薄汚いライブハウスをドサまわりしてるだろう。俺はといえば、スタジアムに詰めかけたファンの前で思いきり演奏して、それがテレビでライブ中継される。裏切り者たちが流す涙のひと粒ひと粒を、俺は真新しい一〇〇ドルのピン札で拭いてやるんだ。

そんなわけで、ギタリストは必死にがんばった。何カ月もかけて、見つけられるかぎり最高のメンバーをバンドに加えた。前のバンド仲間よりはるかに腕のいいミュージシャンたちだ。

それから何十曲も作曲し、熱心に練習した。煮えくりかえる怒りが野心をさらにかき立て、復讐が彼の女神になった。二年ほどで新バンドはメジャーデビューにこぎ着け、その一年後には最初のアルバムが大ヒットとなる。

ギタリストの名前はデイヴ・ムステイン。結成した新バンドは、伝説のヘヴィメタルバンド、メガデス。メガデスはその後も売れ続け、アルバム売り上げは二千五百万枚を突破し、世界ツアーを何度も成功させる。ムステインはいま、ヘヴィメタル音楽史上もっとも才能と影響力を兼ねそなえたミュージシャンの一人と見なされている。

だが、運の悪いことに、ムステインが追い出しをくらったバンドはメタリカだった。メタリカのアルバムは、世界じゅうで十八億枚以上売れた。いうまでもなく、メタリカは史上最高のロックバンドのひとつである。

二〇〇三年、珍しく独占インタビューに応じたムステインは、涙ながらに「いまだに負け犬の気分から抜けきれない」と語った。あれだけのことを成し遂げながらも、心のなかではずっと「メタリカから追い出された男」なのだ。

僕ら人間というのは、実は着飾った類人猿でしかない。そして類人猿であるがために、僕らは本能的に自分を他人と比べ、地位を奪い合う。自分を他人との比較で評価するのではなく、むしろ、「何を基準にして自分を計るか」が問題なんだが。

デイヴ・ムステインは、自覚していたかどうかはともかく、メタリカより成功し人気を得たかどうかで自分を計ることを選んだ。バンドから放り出された経験があまりにもつらかったので、「メタリカと対比した成功度」を自分自身と音楽活動の業績を評価する尺度にしたのだ。

人生のつらい出来事を受け止め、そこからポジティブな（メガデス成功に通じる）成果を生んだにもかかわらず、ムステインはメタリカの成功度にこだわり続け、その後何十年も苦しむことになる。大金と多数のファンと絶大なる称賛を得てもなお、自分を負け犬と見なしたのだ。

デイヴ・ムステインを見て笑ってしまう人間は、僕だけじゃないだろう。何はともあれ、億単位の大金を手にし、何十万人もの熱烈なファンがいて、一番好きなことをして身を立てているっていうのに、いまだに二十年前のバンド仲間が自分よりはるかに有名だからといって涙ぐんでしまう男だよ。

僕らがムステインをあわれに思うのは、たぶん彼とは違う価値観をもち、違う尺度で自分を計っているからだろう。僕らの尺度はこんな感じだからね。「嫌いな上司の下で働きたくない」とか、「子どもを立派な学校に通わせるだけの収入があったらいい」とか。

こういう尺度でなら、ムステインはとんでもなく成功しているといえる。

メタリカより上を目指したムステインの尺度は、音楽業界で目覚ましい成功を収める原動力になった。しかし、その尺度がムステインを苦しめ続ける――自身の成功にもかかわらずだ。

自分のかかえている問題に対する見方を変えたいなら、何に価値を見出すかを変え、自分の失敗（または成功）を何によって評価するかの基準を変えなければならない。

例としてもう一人、別のバンドから追い出されたミュージシャンを見てみよう。この男の話は、ムステインの話と無気味なくらい似ている。

一九六二年、ある有望なバンドの噂が飛び交っていた。そのバンドはイギリスのリヴァプール出身。変わった髪型で、さらに変わったバンド名。でも彼らの音楽性の高さは否定しようがなく、ついにレコード業界が注目し始める。

リードボーカル担当で作詞作曲をするジョン。ロマンチックなベーシストで童顔のポール。

反体制的なリードギター担当のジョージ。そしてもう一人、ドラム担当がいた。

このドラム奏者がメンバーのなかで一番ルックスがよく、女性ファンを虜《とりこ》にしていた。音楽誌に載り始めたころにデカデカと出たのも、彼の顔写真だった。一番プロ意識の高いメンバーでもあった。ドラッグはやらない。決まった恋人がいる。スーツとネクタイの男性諸氏からは、ジョンやポールではなく、彼こそがバンドの顔であるべきだという声さえ上がった。

彼の名前はピート・ベスト。しかし一九六二年、最初にレコード会社との契約を結んだあとに、ザ・ビートルズのほかのメンバー三人は、マネージャーのブライアン・エプスタインにピートを解雇するよう依頼する。ベストを気に入っていたエプスタインは苦悶する。そこで、解雇通告を引きのばし、三人の気持ちが変わることを期待して待つことにした。

数カ月が経過し、いよいよデビュー・シングルのレコーディング開始を三日後に控えたとき、エプスタインはベストをオフィスに呼んだ。そして淡々と「君はクビだ。別のバンドを探しなさい」と告げる。理由も説明も、哀悼《あいとう》の言葉もなし。ただ、こう言っただけ――「ほかのメンバーが君にやめてもらいたいと言うんでね。で、えーと……幸運を祈ってるよ」。

新メンバーとして、バンドはリンゴ・スターという名の変わり者を引き入れる。年上で、鼻の大きいリンゴは、ジョン、ポール、ジョージと同じみっともない髪型にするのを了解し、そして、タコや潜水艦の曲をつくろうと提案した。それに対するほかのメンバーの反応は「ああ、別にいいいんじゃない」。

ベストの解雇から半年後には、ビートルマニア（ビートルズの熱狂的なファン）が急激に増え、ジョン、ポール、ジョージ、リンゴの四人は、押しも押されもせぬ有名人になり、その顔は全地球的に知れわたった。

一方、ベストは当然のことながら深く落ち込み、イギリス男性なら誰でも理由が与えられればやることをトコトンやった。飲酒だ。

それから六〇年代の終わりまで、時がピート・ベストに優しく流れることはなかった。一九六五年までに、ベストはビートルズの二人のメンバーを名誉棄《き》損《そん》で訴える一方で、自身の新しい音楽プロジェクトはことごとく悲惨な結果に終わる。一九六八年には自殺未遂。母親の説得によって自殺を断念するも、彼の人生は破滅そのものだった。

ベストには、デイヴ・ムステインと同じような汚名返上の話はない。世界的なスーパースターにはならなかったし、何百万ドルも稼ぎ出すこともなかった。それでも、いろいろな意味で、ベストはムステインよりも幸せな人生を送るようになる。

一九九四年のインタビューで、ベストはこう語った。

「ビートルズから抜けてなかったら、こんなに幸せになってなかったろうな」

どういうこと？

ベストの説明はこうだ。ビートルズを追い出されたことが、最終的に妻との出会いにつながり、そして結婚が子どもたちの誕生につながった。そして価値観が変わった。それまでと違う見方で自分の人生を評価するようになった。

名声や栄光は、あればあったで悪くないとは思う。でも、いまの自分が手にしているもののほうが大事だとはっきり言える。安定した結婚、にぎやかで愛のある家族、素朴な暮らし。ドラムもまた叩くようになり、二〇〇〇年代に入るまでヨーロッパ・ツアーとアルバムのレコーディングを続けた。

だとすれば、本当に失ったものって何だろう？　失ったのは、やたらと注目やお世辞を浴びることくらい。それと引きかえに得たものは、彼にとってはるかに大きな意味があった。

このような話からわかるのは、**価値観や尺度には個人差があり、それがよい結果を生み出すこともあれば、悪い結果を生み出すこともある**ということだ。

自己創造をはばむ「4つの迷信」

価値観にはいろいろあるが、実につまらない問題——ほとんど解決不能の問題を引き起こすものもある。そういうタチの悪い価値観をざっと見てみよう。

1　快楽

愉快であることは素晴らしいが、人生において優先させる価値観とはいいがたい。ドラッグ常用者に、快楽を追求してどうなったか聞いてみるといい。家庭を壊し、子どもを失った不倫妻に、快楽で幸福になったか聞いてみるといい。暴飲暴食をする男に、その快楽がどれだけの問題を解決してくれたか聞いてみるといい。

快楽は邪神だ。研究によれば、うわべだけの快楽にエネルギーを注ぐ人は、心配性や情緒不安定、そして抑うつ状態に陥りやすい。人生に対する満足感という点において、快楽はもっとも表面的な感覚である。そのため、得るのも一番簡単だが、失うのも一番簡単なものだ。

快楽は「商品」として僕らに売り込まれる。それも毎日二十四時間休みなく。僕らは快楽を買い求めては、自分の感覚を麻痺させたり、問題から気をそらすのに使ってしまう。しかし、快楽はある程度なら人生に必要なものだが、それ自体から充足感を得られるものではない。**快楽は幸福の原因にはならない。むしろ、その結果としてもたらされる。**ほかの「よい価値観」や「よい尺度」にきちんと取り組めば、その副産物として快楽が自然に生まれるのだ。

2　物質的な成功

多くの人が自分の値打ちを「いくら稼ぐか」「どんな車を乗り回すか」「自分の家の芝生が隣の家よりどれだけ青いか」で計る。

しかし、物質的な成功と幸福の関係は、あくまでも相対的なものだ。飢えた状態で路上生活をしている人にとっては、年間一万ドル（約一〇〇万円）の収入増はその人の幸福観をがらりと変えるだろう。しかし、そこそこの高収入を得ているなら、年収が一万ドル増えてもたいした影響はない。だから、無理して残業したり休日出勤して稼いでも、幸福にはつながらないということだ。

物質的な成功を過大評価するのは危険だ。なぜなら、ほかの価値観――たとえば、正直であること、暴力を振るわないこと、思いやりをもつこと――よりも優先させてしまう恐れがあるから。自分のふるまいで自分を評価せず、そのへんからかき集めたステイタス・シンボルで評価すると、僕らは単なる浅薄な人間に成り下がってしまう。

3　いつも正しいこと

僕らの脳は性能の悪い機械だ。下手な思い込みをするし、見込み違いをするし、記憶違いもする。偏見に負けてしまうし、気まぐれで物事を決定する。人間である以上、僕らは間違ってばかりいるのだ。だから、もし「正しいこと」が君の人生観の尺度なら、たぶん自分の戯言《たわごと》を正当化するのにかなり苦労することになるだろう。

実のところ、すべてのことについて**「自分は正しいから自分には値打ちがある」と考える人は、間違いを犯してもそこから学べない。**新しい視点を取り入れたり、他人と共感したりする能力に欠け、重要な新情報からも置き去りにされてしまう。

自分は無知だし、あまり物知りでもないと思っているほうが、よほどタメになる。そう思っていれば、迷信やひねくれた思想と無縁でいられるし、絶えず学び続け、成長する姿勢をもっていられる。

4　ポジティブであり続けること

何事においても、とにかくポジティブであることに重きを置く人がいる。

「失業した？　そりゃよかった！　情熱の方向性を模索する絶好の機会だねぇ」

「夫があなたの妹と不倫した？　まあ、少なくともあなたがどういう存在か、これではっきりしたってことだ」

このように「いつも人生の明るい面を見ていよう」という考えには一理あることはある。とはいえ、生きているあいだにはうんざりすることが起きるものだし、それに対して自分ができるもっとも健康的な対応は、それをそのまま認めることだ。

ネガティブな感情を否定すると、ますますその感情は深まり、長びき、ついには情緒障害を引き起こしかねない。**絶えずポジティブであることは「問題からの逃げ」の一形態であり、人生の問題に対する最適な解決策とはなりえない**のだ。

いろいろなことがうまくいかない。まわりの人間に腹が立つ。事故は起きる――こういうことは、僕らの気持ちを滅入らせる。だけど、それでいいんだ。ネガティブな感情は、心の健康にとって欠かせない要素なのだから。そのネガティブな感じ方を否定してしまうと、問題を解決するよりもむしろ、いつまでも問題をかかえたりくり返したりすることになってしまう。

ネガティブな感情に対処するコツは、その感情を表に出すことだ。ただし、社会的に受け入れられる健康的なやり方で表現すること。そして、自分の価値観に合わせて表現することだ。

簡単な例を出そう。僕の価値観のひとつに「暴力を振るわない」というのがある。だから、誰かに腹を立てても、僕はその怒りを表現するけれど、そいつの顔面にパンチをくらわせることはしない——これはなかなかのアイデアだと僕は思ってる。

でも考えてみれば、怒り自体は問題じゃないし、ごく自然な感情だ。怒りは生活の一部だし、状況によってはかなり健康的な感情でもある。

どんなときにも無理やり自分にポジティブな思考をさせようとすると、僕らは人生の問題をすべて否定しなければならなくなるし、それでは問題を解決するチャンスも、そこから幸福を生み出すチャンスも自ら奪うことになってしまう。問題というのは、僕らの人生に意義と重要性をプラスしてくれるものなのだ。

長い目で見れば、マラソンを完走することは、チョコレートケーキを食べることより僕らを幸福にする。子どもを育てることは、ビデオゲームで勝つことより僕らを幸福にする。必死で収支を合わせながら友人と小さなビジネスを始めることは、新しいコンピュータを買うことより僕らを幸福にする。

このように、より大きな幸福をもたらす活動はストレスもたまるし、苦労も絶えないし、そして不愉快なことも多い。そのうえ、次から次に降りかかってくる問題にも耐えなければならない。

でも、そのなかにはもっとも意味のある喜ばしい瞬間がある。苦痛、苦労、怒りや絶望さえともなうが、それでも、何かを成し遂げた喜びは一生ものだ。年をとったら、涙で目をかすませながら孫たちにその話をして聞かせればいい。

かつてフロイトは言った。「いつの日か過去を振り返ったとき、苦労した年月こそがもっとも美しいことに気づかされるだろう」

「快楽」「物質的な成功」「いつも正しいこと」「ポジティブであり続けること」といった価値観がいかに重要でないか、わかっていただけただろうか。**人生のもっとも素晴らしい瞬間というのは、愉快、成功、名声、そしてポジティブ思考とは無関係に訪れる**ということだ。

大事なのは、よい価値観と尺度を突き止めること。そうすれば、喜びや成功は結果として自然に生まれる。喜びや成功はよい価値観の副産物であって、それ単独では無意味なカラ元気にすぎないのだから。

これからの「よい価値観」「悪い価値観」

よい価値観は、①現実に基づいている、②社会に対して建設的である、③自分と直接の関わりがあり、コントロール可能である。

悪い価値観は、①迷信に基づいている、②社会に対して破壊的である、③自分と直接の関わりがなく、コントロール不可能である。

「正直であること」はよい価値観だ。それは、自分が完全にコントロールできることだし、現実を反映しているし、そして他人にとっても（たまに不快感をもたれることがあっても）利益になるからだ。

一方、「人気者でいること」は悪い価値観だ。もしこれが自分の価値観であり、パーティで一番人気の男子（または女子）になることが、自分の尺度だとしよう。でも、結果がどう出るかは、自分にはコントロールできない。なにしろ、ほかに誰がパーティに来るのかわからないし、たぶん半分は自分の知らない人だろうから。

さらに言うと、現実にも基づいていない。人気があるかないかは自分の感じ方であって、実際、みんながどう思っているかなどわかりようもないからだ。

余談だけど、自分が他人にどう思われているか極端に気に病む人は、自分の欠点を他人に突きつけられるのを怖がっているだけなんだよね。

健康的でよい価値観の例をいくつか挙げよう——正直であること、革新的であること、無防備であること、自分のために立ち向かうこと、他人のために立ち向かうこと、自尊心、好奇心、慈善、謙虚、独創性。

不健康で悪い価値観の例もいくつか挙げてみる——ごまかしや暴力で支配権を握ること、無差別なセックス、いつもよい気分でいること、一人ぼっちでないこと、みんなから好かれること、意味もなくとにかく金持ちになること。

健康的でよい価値観は、内面的に達成されるものだということに気づくだろう。たとえば「謙虚」などは、いますぐにでも実感できることだ。ただ、意識を一定方向に向かわせればいい。このような価値観は、直接の関わりがあり、コントロールが利き、願望ではなく現実のありのままの世界と自分を結びつけるものだ。

不健康で悪い価値観は、たいてい外的な出来事に左右される。自家用ジェット機で飛んだり、いつも「君は正しい」と言われたり、カリブ海のビーチリゾートであるバハマに家を建てたり、多数の異性にモテたり。悪い価値観は、ときには楽しくて愉快なこともあるが、自分のコントロールのおよばないところにあるし、往々にして社会に対して破壊的だったり迷信的だったりする。

誰だって異性にモテたいし、バハマに家をもちたい。問題はどの価値観を優先させるかだ。自分にとって、ほかのすべてに優先させる価値観は何なのか、そして、ほかの何よりも自分の意思決定に影響を与えるものは、どんな価値観なのか。

小野田寛郎の一番重大な価値観は、大日本帝国に対する忠誠と奉仕だった。僕がなぜ彼を引き合いに出して滔々《とうとう》と語ったか、よくわからなかった人がいるかもしれないので、ここではっきり言っておこう。小野田の価値観は最悪の問題をもたらした。彼は遠い小島に足止めをくらって、三十年も虫を食べて生き延びたのだから。あー、それともうひとつ。罪のない現地の民間人を殺しても仕方ないと思っていたようだ。

本人は自分を誉れ高き人間だと見なし、自分の尺度に基づいて行動したかもしれないが、僕らはみんな、彼の人生は無惨だという点で一致すると思う。

デイヴ・ムステインは、大きな名声と栄光をかち取ってもやはり負け犬の気分だった。それは、他人の成功との主観的な比較に基づいた、くだらない価値観に縛られたからだ。

この価値観は、彼に過酷な問題を突きつけた。たとえば、「何十億枚もレコードを売らなければならない」「何が何でもツアーはビッグ・スタジアムでやらなければならない」といった問題だ。そして、これらの問題を解決しなければ、幸せになれないと考えた。彼が幸せになれなかったのは無理もない。

打って変わって、ピート・ベストは人生の劇的な転換を引き寄せた。ビートルズから追い出されて失意のどん底に陥ったにもかかわらず、年をとるにつれて彼は自分にとって大事なものの優先順位を考え直すことを学び、人生を新しい視点で見つめることができるようになった。それによって、ベストは幸せで健康に年をとり、素晴らしい家族と心穏やかな生活を送っている。それは皮肉にも、ビートルズの四人のメンバーが数十年間もがいて手に入れようとした生活だ。

僕らがつまらない価値観をもつと、つまり、自分自身と他人をつまらない基準で見ると、かならずと言っていいほど、重要じゃないこと――とにかく僕らの人生をさらにダメにするようなこと――に気をもむようになる。

しかし、よりよい価値観を選べば、よりよいことに気を向けられるようになる。もっと重要なこと、僕らの生き方がもっとよくなることに。そして、幸福と快楽と成功が副産物としてもたらされる。

ひとことで言えば、これが本当の意味の「自己啓発」だ。

よりよい価値観を優先させること、そして、よりよいことを選んで気にすること。よりよいことを気にすれば、よりよい問題をかかえることになる。よりよい問題をかかえるようになれば、人生はよりよくなる。

この本の後半では、かならず最高の結果をもたらすと僕が信じている五つの価値観――すなわち「責任」「不確かさ」「失敗」「拒否」「覚悟」について語ろうと思う。どれも、この社会の多くの人が信じていることに〝逆行する考え方〟だ。

つまり、一見すると「ネガティブ」なことばかり。この五つはどれも型破りで、なおかつ、気分のいいことではない。でも、やがて人生をガラリと変えてくれるものだと僕は信じている。

PART

4

まとめ

◆意識は何層にも重なっている。
中心にたどり着くにはちょっとした努力が必要

◆自分に「なぜ」を問い続けよう

◆自分を「他人」と比べない。「昨日の自分」と比べる

◆常に「相手は自分よりものを知っている」と考える

◆自分のなかの「よい価値観」「悪い価値観」を選別する

PART

5

自分に起こることは、その「選択」しだい

解決への道①
“運をおもしろいように味方につける”とは

ここが天国と地獄の分かれ道

頭に銃を突きつけられ、「四二・一九五キロを五時間以内で走れ。さもないと、お前と家族全員を殺す」と言われたとする。

そんなの、たまったもんじゃない。

かたや、いい感じのシューズとジョギング・ウェアをゲットして、何カ月も熱心にトレーニングを積み、人生初のフルマラソンを完走したとする。ゴールでは、家族や友人たちの熱い歓声を受けて。

それはまさに、人生でもっとも誇らしい瞬間になるだろう。

ぴったり同じ四二・一九五キロ。その距離を同じ人が走りきり、同じ痛みが同じ足を貫く。自分の意思で選択し、準備して臨めば、人生の金字塔を打ち立てたことになる。ところが、自分の意思に反して強制的に走らされれば、人生でもっとも恐ろしい苦痛に満ちた体験になる。

あるひとつの問題が苦痛になるか活力になるかの違いは、それが自分の選択したものか、そして、それに責任を負うかどうかによって決まる。もし、自分がいまみじめな状況にいるとしたら、ひょっとすると、その一部を自分自身でコントロールできないと感じているからかもしれない。つまり、自分に解決できない問題、自分が選んだわけでもないのに目の前に突きつけられた問題であるということ。

「自分で選んだ道だから」と感じるときには力がわいてくる。でも、無理やり問題を押しつけられたと感じるときには、僕らは被害者のようなみじめな気分になる。

〝一発逆転〟するシンプルな考え方

ウィリアム・ジェームズは問題をかかえていた。相当厄介な問題だった。

裕福な家庭に生まれながら、ジェームズは誕生したそのときから、命を脅かす深刻な病に苦しめられる。目の病気から幼児期には一時的に盲目になり、胃弱体質のせいで頻繁に嘔吐し、味のない食餌《しょくじ》療法を余儀なくされた。難聴と、さらに、背中のけいれんにも苦しみ、ひどいときには自力で座ることも立つこともできなかった。

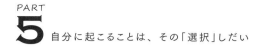

健康上の問題のために、ジェームズはほとんどの時間を家で過ごした。友だちはあまりいない。学校の成績もとりたててよくはない。代わりに、よく絵を描いた。これが唯一、自分の好きなことであり、とりわけ得意なことだと思えたから。

残念なことに、そう思ったのは本人だけだった。成人してからも絵が売れることはなく、そのうち実業家の父親から「怠《なま》けている」だの「才能がない」だのとバカにされ始める。

一方、弟のヘンリー・ジェームズは世界的に著名な作家になり、妹のアリス・ジェームズも作家として身を立てる。ウィリアムは一家の異端児、厄介者になった。

なんとしてもウィリアム・ジェームズにまともな将来を与えたいと考えた父親は、ビジネスの人脈を使ってハーバード大学メディカルスクールへの入学許可を取りつける。「これがラストチャンスだ」と父は息子に言った。しくじったら、もうあとはない。

しかし、ジェームズは大学にまったくなじめなかった。彼は医学に何の魅力も感じず、在学中ずっとみじめな気分だった。自分の問題も克服できないのに、他人を助けるエネルギーがどこからわいてくるというのか。そのころ精神病の病棟を視察したジェームズは、のちに自分の思いを日記に綴っている——ドクターたちよりも、あの患者たちとのほうが共通点が多い気がする、と。

二年かそこらが過ぎ、またも父親の反対を押し切って、ジェームズはメディカルスクールを中退する。そして、父親の怒りをまともに食らうより家を出るほうがいいと決心し、人類学研究の探検に参加を申し込んで、アマゾンのジャングルへと向かった。一八六〇年代のこと。当時、大陸をまたいだ旅は困難で、かつ危険なものだった。

なにはともあれ、ジェームズははるばるアマゾン川に到達することができた。そして、そこから本格的な冒険が始まる。驚くべきことに、彼の虚弱な身体は旅のあいだずっともちこたえていた。ところが現地に着いたとたん、探検の初日に天然痘にかかり、ジャングルのなかで命を落としそうになる。

その後、持病の背中のけいれんが再発し、その痛みでジェームズは歩行困難に陥る。天然痘でやせ衰えたうえに、背中の痛みで身動きがとれなくなり、探検隊のメンバーが先発してしまうと、一人だけ南米のどまんなかに取り残された。帰る道もわからない。わかったとしても、到着までに何カ月もかかるだろうし、途中で死んでしまうかもしれない。

しかし、何とか母国アメリカまで帰り着くことができた。出迎えた父親は、それまで以上に落胆の顔を見せる。

ジェームズはもう若くなかった。もう少しで三十歳だというのに、いまだに無職。試みたすべてのことに失敗し、身体は期待を裏切り続けるばかりでいっこうによくならない。恵まれた境遇と何度も与えられた機会は活かされることなく、すべてが破綻した。苦しみと失望に打ちのめされたジェームズは、とうとう自ら命を絶つ計画を立て始める。

ところがある夜、哲学者チャールズ・パースの講義録を読んでいたときに、ジェームズは小さな実験を思いつき、それを実行することにした。彼は日記にこう書いている。

「あと一年間、人生で何が起きようとも、その責任は一〇〇パーセント自分にあるのだと信じて生きてみよう」

まわりの環境を変えるために自力でできることは何でもしよう——失敗の可能性がどんなに

高くても。一年で何もよくならなければ、まわりの環境に対して自分が本当に無力だということがはっきりする。そうなったら、そのときに命を絶てばいい。

で、どうなったかって？　ウィリアム・ジェームズは、「アメリカ心理学の生みの親」といわれるまでになった。

その著作は多数の言語に翻訳され、同時代でもっとも影響力のある哲学者・心理学者の一人とみなされている。ハーバード大学で教鞭《きょうべん》をとり、欧米じゅうをまわって講演し、私生活では結婚して子どもを五人もうけた。

ジェームズは後年、自分の小さな実験を「再生」と呼び、その後の人生で成し遂げたことすべてがここに起因すると言っている。そこにはひとつの単純な「気づき」があり、そこから自己変革と成長が導かれた。その「気づき」とは、僕らはみんな、人生のすべてのことに——外的な環境がどうあろうと——責任を負うということだ。

僕らの身に降りかかることをコントロールすることはできない。しかし、それをどう解釈するか、そしてどう反応するかはコントロール可能だ。

意識するしないは別として、僕らはいつも自分の体験することに責任をもっている。責任をもたないでいることなど不可能だ。

好むと好まざるとにかかわらず、僕らに起きること、そして僕らの内面で起きることに対して、僕ら自身はいつも積極的な役割を果たしている。すべての出来事の意味を、僕らは瞬時に解釈し、僕らが生きる糧《かて》とする価値観と、人生に起きるすべてのことを計る尺度を、いつも選択している。そのために、僕らの選ぶ尺度によっては、同じ出来事がよくも悪くもなるってこと。

大事なのは、僕らが常に選択しているということ。

僕らはどんなことを気にすることにしようと選択しているのか？　どんな価値観に基づいて行動すると選択しているのか？　どんな尺度を選択して僕らの人生を判定しているのか？　そしてそれはよい選択なのか？　よい価値観とよい尺度なのか？

その問題は他人には解決できない

何年も前のこと。もっと若くてバカだったとき、僕はブログに投稿して、結びにこんなことを書いた。

「かつて偉大な哲学者が言ったように、『大いなる力には大いなる責任がともなう』」

なんだか権威がありそうで、いいと思ったんだ。誰の言葉かは思い出せなかったし、検索してもヒットしなかったから、とにかくアップしといた。

約十分後に、最初のコメントがついた。「あなたの言っている『偉大な哲学者』は、映画『スパイダーマン』のベンおじさんのことだと思います」

「マジか！」そうだった。ベンおじさんの最期の台詞《せりふ》だ。スパイダーマンが取り逃がしたコソ泥に、まったくなんの理由もなしに殺される前の言葉。たしかに偉大な哲学者だよ。

「大いなる力には大いなる責任がともなう」

本当にそうだ。しかし、この名言にはもっとよいバージョンがある。ただ名詞を入れかえるだけで、深い意味が加わるバージョンだ。

「大いなる責任には大いなる力がともなう」

人生における責任を受け入れる選択をすれば、自分の人生に大きな力を発揮できるようになる。だから、まず自分のかかえている問題に対する責任を受け入れることが、問題解決の最初のステップなのだ。

僕の知り合いの話をしよう。女性が誰もデートしてくれないのは自分の身長が低すぎるからだ、と思い込んでいる男だった。

教養もあり、話もおもしろく、外見も悪くない——ありていに言えばモテ男だ。それなのに、デートしたら相手から「背が低すぎる」と思われるに決まっている、と言って譲らなかった。

そして身長が低すぎると感じていたために、あまり外出せず、女性と出会おうともしなかった。たまに女性と会っても、相手のささいな反応を悪いほうに解釈し、やっぱり好かれていないと思い込んだ。実際は好かれていてもだ。

彼は、自分を傷つける価値観を選んでいたことに気づけなかった。その価値観とは「身長」だ。女性にとって男の魅力は身長だけだ、と彼は考えた。

デートを楽しむなら、もっとましな価値観があるだろうに。たとえば「僕のありのままを好きになってくれる女性とだけデートしたい」とかね。でも、彼はそういう価値観を選ばなかった。おそらく、自分で価値観を選んでいるという自覚も（選べるという自覚も）なかったのだろう。しかし、たとえ自覚がなかったにしても、問題の責任は彼にある。

責任があるにもかかわらず、彼はぼやき続けた。「僕にはどうしようもないんだ！　女ってのは薄っぺらでうぬぼれ屋で、どうせ僕なんかを好きになったりしないんだよ！」

自分のかかえる問題に対して責任をとるのをためらう人はたくさんいる。問題の責任をとるということは、同時に、その問題が〝自分のせいだ〟と認めることになるからだ。

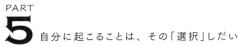

僕らの世界では、「責任」と「過失」は同時に発生することが多い。自分に非はなくても、責任をとらなくてはならない場合もある。

たとえば、ある日目覚めると、玄関先に生まれたばかりの赤ん坊がいたとする。赤ん坊がそこにいることは自分の過失ではないけれど、目の前の赤ん坊に対しては責任が生じる。どうすべきか選ばなくてはならない。そして最終的にどんな選択肢（育てる、警察に届ける、捨てる、無視する）を選ぼうと、自分の選んだ結果からあれこれと問題が発生するだろう。その問題についても、もちろん責任をとらなくてはならない。

裁判官は担当する事件を選ぶことができない。ある事件の審理を任命された裁判官は、その犯罪を実行したのでもないし、その犯罪を目撃したのでもないし、その犯罪から影響を受けてもいない。それでも、裁判官はその犯罪に責任をもつ。そして、その事件のもたらす影響を選ぶことになる。裁定を下す判断基準を明確にしなければならないし、また、その判断基準が一貫して用いられるように見届けなければならないのだ。

このように、**責任をとるのは、かならずしも自分に非がある場合とはかぎらない。**そう、これも人生の一部なのだ。

「責任」と「過失」というふたつの概念を区別する方法として、こんなのがある。過失は「過去時制」であるのに対して、責任は「現在時制」であるということ。過失はすでに選択した事柄の結果であり、責任はいまこの瞬間に選択している事柄の結果である。

君はいま、このページを読むことを選んでいる。このふたつの概念について考えることを選んでいる。その概念を受け入れるか拒絶するか、選んでいるのだ。僕の考えがお粗末だと思うなら、その非は僕にあるかもしれないが、その結論を出したのは君の責任だ。僕がこの文を書こうと決めたのは君のせいじゃないが、これを読むこと（または読まないこと）を選択した責任は君にある。

自分の置かれた状況を誰かのせいにするとしても、その人が実際に自分の置かれた状況に責任があるかどうかは別問題だ。自分の置かれた状況に責任をもつのは、自分以外の誰でもない。選ぶのは、ほかの誰でもなく自分だからだ。物事をどう見るか、物事にどう反応するか、物事にどんな価値を見出すかを選ぶのは自分であり、体験したことを計る尺度を選ぶのも自分だからだ。

僕は初めてつき合った彼女に、ものの見事に振られた。彼女は僕を裏切って、教員と浮気していた。僕がそのことを正面きって問いただしたら、彼女はさっさと僕を捨ててヤツに走った。三年つき合った末に、あっさりとポイだった。

それから何カ月間も、ずっと僕はみじめだった。そして、僕をみじめにした責任は彼女にあると僕は思った。だけど、それは何の足しにもならなかった。ますますみじめになるだけだった。

ね？　僕は彼女をコントロールできなかったんだよ。何回電話をかけようが、わめき散らそうが、やり直してくれと懇願しようが、部屋に突然訪ねていこうが、彼女の気持ちも行動も僕にはさっぱりコントロールできなかった。結局、僕があんな気持ちになったのは彼女のせいだけれど、僕の気持ちに対して彼女にはまったく責任がなかった。責任は僕自身にあったんだ。

その後、泣くだけ泣いて飲むだけ飲んでから、あるとき僕の考えが変わり始めた。だんだんわかってきたんだ。彼女が僕にひどいことをしたのは事実だし、**彼女が悪いのも事実だけれど、いまの僕をもう一度幸せにする責任は僕自身にある**ってことがね。彼女がひょっこり現われて、全部もとどおりにしてくれるわけがない。僕が自分で立ち直るしかないんだ。

この考え方に変えてから、いくつかの変化が起きた。まず、僕は自己変革に乗り出した。体を鍛え始め、ずっと放ったらかしにしていた友だちと会う時間を増やした。意図的に、新しい人とも出会うようにした。長期の海外留学にも行き、ボランティア活動にも参加した。そうして、だんだんと気持ちが回復していった。

元カノのしたことには、まだ憤慨《ふんがい》していた。でも、少なくとも僕自身の感情については、もう自分の責任として引き受けられるようになっていた。また、そうすることによって、もっとよい価値観を選ぶようになった。

そのころ僕が目指していたのは、「自分のことは自分で何とかする」「自分のことをもっとよく思えるようになる」みたいなことだった。そして、目指すのをやめたのが、「元カノに自分の壊したものを直させること」だった。

それから一年くらいして、おもしろいことが起こり始めた。彼女との関係を振り返って、以前はまったく気づかなかったことに気づき始めたんだ——僕のほうにも非があったのかもしれない、と。僕は最高の彼氏ではなかった、人はなんの理由もなくいきなりつき合っている相手を裏切ったりしない、きっと一緒にいて気持ちが冷めることがあったんだろう、と。

だから元カノのしたことが許されると言っているのではない。そんなつもりは、さらさらない。でも自分の間違いを認めることで、これまで僕は自分のことを罪のない被害者だと信じ込んでいたけれど、実際はそうじゃなかったということに気づけたんだ。あんなくだらない関係をあそこまで続けたことに、僕も一役買っていたということに。

デートするような親密な相手とは、お互い似たような部分をもっているものだ。僕はつらい経験を通して思い知った。人は、相手から身勝手なひどい仕打ちを受けたら、たぶん自分も身勝手なひどい仕打ちをしてるってことを。ただ、それに自分で気づいていないだけなんだよ。

僕の過ちで彼女の過ちが正当化されるのか？　答えはノーだ。それでも僕は責任をもって、あんな過ちは二度と犯さず、あんな苦しい結末は二度と引き起こさないようにしようと決めた。これからの女性とはもっとよい関係を結べるように努力し、そのことに責任をもつことにした。

そして、実際にそうできたことを報告できてうれしい。あれから一度も、浮気者の彼女に捨てられたことはない。僕は責任をもって自分の問題を克服できたのだ。僕は「彼女に捨てられる」というたったひとつの経験から多くを学んだ。何十個もの成功体験を全部足し合わせたよりも多くのものを。

僕らはみんな、成功と幸福に対して責任をもつのが大好きだ。それどころか、**いつも成功と幸福に対する責任を他人と奪い合って自分のものにしようとする**。でも、**はるかに重要なのは**

自分の問題に対して責任をもつことのほうだ。そこから本物の学びが得られるし、そこから本当の意味で「人生の向上」が得られるからだ。他人をただ責めるのは、結局は自分を傷つけることにしかならない。

非情な出来事にどう対処するか

多くの人が、仕事に関連する問題についてなら責任をもつことに賛同するだろう。テレビの前で怠惰な時間を過ごすことにも、もしかしたら責任をとるかもしれない。でも、責任をもつべき問題が恐ろしいほど悲劇的な場合は、非常ブレーキをかけて「責任列車」を急停止させ、列車が止まると一気に下車するだろう。認めるには、あまりにも苦痛なこともあるのだ。

しかし、よく考えてみれば、物事の苛烈《かれつ》さによって根本的な真実が変わるわけではない。強盗に入られた場合、被害を受けた人になんの非もないのは明らかだ。誰もそんな体験をわざわざ選んだりしないのだから。でも、責任は否応《いやおう》なく突きつけられる。反撃する？　パニクる？　警察に通報する？　何もなかったふりをする？——これらはすべて、自分が責任もって選ぶことも、拒否することもできる反応だ。自分が強盗事件を選択したわけではない。それでも、**その体験の感情的・心理的な（そして法的な）影響をどう受け止めるかは、自分の責任**

なのだ。

二〇〇八年、タリバン勢力がパキスタン北東の辺境の地、スワート渓谷を制圧すると、即座にイスラム過激派の行動計画を実施した。テレビも映画も禁止。男性のつき添いがなければ女性の外出は禁止。女子生徒の通学も禁止。

十一歳のパキスタン人少女、マララ・ユスフザイは、通学禁止に対して抗議の声を上げた。自分と父親の命を危険にさらしながら、その後も地元の学校へ通い続け、近隣の市まで出かけて会議に参加し、ネット上でこう発信した。

「教育を受ける権利を私から奪うなんて、そんなことはできません！」

二〇一二年のある日、学校からバスに乗って家に帰る途中、マララは顔面を銃で撃たれる。覆面をしたタリバン兵士がライフルをもってバスに乗り込み、こう聞いた。

「どいつがマララだ？　さっさと言え。言わないなら、ここにいる全員を撃つ」

マララは自ら名乗り出て、ほかの乗客の目の前で頭部に銃弾を受けた。

昏睡《こんすい》状態に陥ったマララは、危うく命を落としかける。タリバンは、もし今回マララが生きのびても、かならず彼女とその父親を殺すとの声明を発表した。

マララは現在も生きている。そして、イスラム諸国の女性への暴力と抑圧に抗議する言論活動を続けている——いまではベストセラー作家として。二〇一四年には、ノーベル平和賞を受賞し、これまでの努力が称えられた。顔に銃弾を受けたことで、以前よりもっと多くの聴衆と大きな勇気を得たかのようにさえ見える。

あのときマララは、「自ら名乗り出る」という驚嘆すべき選択をした。身を伏せて、こう言えば楽だったはずだ――「私には何もできません」。あるいは、知らんぷりすることも。これだって彼女の選択肢にあったはず。しかし、彼女はその反対を選んだ。


数年前、僕は本パートで述べているような「責任」に関する考えをブログに書いた。すると、ある男性がコメントした。彼は少し前に、自動車事故で息子さんを亡くしたらしい。そして、僕のことをこう非難したのだ。

「おまえは本当の苦痛がどんなものかわかっていない。『息子を亡くした父親の悲痛も、父親本人が責任をとるべきだ』とでも言うのか？　ふざけるな！」

この男性は、そりゃあ大きな苦痛を味わっている。息子の死を選んだわけでもないし、息子が死んだのは彼のせいでもない。喪失感にどう対処するかという責任は、否応なしに押しつけられたものだ。

しかし、そうであってもやはり、彼の感情・信念・行動について責任をもつのは彼自身なのだ。息子の死に対してどう反応するかは、彼自身の選択だということ。

なんらかの苦痛は、僕らみんなにとって不可避なものだけれど、それが僕らにとってどんな意味をもつかは僕ら自身の選択に委《ゆだ》ねられている。この父親が「息子なしにはどうしようもない。ただ息子を返してほしい」と主張したなら、それでも彼はいくつもの選択肢からひとつを選んだことになる。

もちろん、こんなことはひと言も彼に言わなかった。

彼の指摘を受けて最初はひどく落ち込んだ。でも、数分後には腹が立ち始めた。「彼の抗議は僕が言ってることとほとんど関係ないじゃないか」と思った。「それに、僕に死んだ子どもがいないからって、ひどい苦痛を経験してないってことにはならないぞ」

でも、そのあとで僕自身のアドバイスを自分に当てはめて考え直した。僕は自分の問題を選ぶことにしたんだ。この男性に腹を立て、彼と口論もできるし、僕の苦痛は彼の苦痛より大きいと主張することもできる。

だけど、そうしないでもっとよい問題を選ぶこともできる。忍耐強さを鍛えたり、読者の気持ちをもっとよく理解したり、これから苦痛やトラウマについて書くときはその父親のことを思い出すようにしたり。そして、あれ以来ずっと僕はそう努力している。

彼には返事として、ただお悔やみの言葉を書くだけにした。ほかにどんな言葉もかけようがなかったからだ。

ゲームで最後に勝つのは

二〇一三年、BBC(イギリス放送協会)は十代のOCD(強迫性障害)患者を四、五人集め、集中的な認知行動療法を受ける彼らの様子を追跡リポートした。その療法の目的は、望ましくない思考や反復行動といった「強迫症状」を克服させることだった。

イモジェンという名の十七歳の少女がいた。彼女は歩いているとき、何か物体の横を通り過ぎるたびに、その表面を軽く叩かなければ気がすまないという強迫観念をもっていて、それをやり損なうと、家族がいっぺんに死んでしまうという恐ろしい光景に襲われる。

ジョシュという少年は、何をするにも体の左右の部位を使わないと気がすまない。誰かと握手するときにも右手と左手の両方を使い、何かを食べるときにも両手を使い、戸口を通り抜けるときにも両足を同時に使う。体の左右両側を「同等化」させないと、彼は激しいパニック発作を起こしてしまう。

ジャックという少年にいたっては、いわゆる「バイ菌恐怖症」のために手袋なしでは家から出ようとせず、水は一度沸騰させてからしか飲まず、自分で清潔に調理したものでないと断固口にしようとしなかった。

ＯＣＤは神経学的・遺伝的なつらい疾患であり、完治させることはできない。せいぜい、どうにかして少しでも改善させることができるだけだ。そして、この症状をどうにか改善させるのは、本人の価値観を変えることと深い関係がある。

このプロジェクトで精神科医が最初に行なったのは、彼らがそれぞれがかかえている強迫観念は「不完全である」と受け入れさせることだった。

どんなことかというと、たとえば、家族みんなが死んでしまう恐怖に襲われるイモジェンに、いつかは本当に家族が死んでしまうであろうことや、それに対してイモジェンは何もできないことを受け入れさせる。何が起きようがイモジェンのせいではない、と諭《さと》すのだ。

ジョシュにはこう教える。いままでの長い期間、常に体の左右を「同等化」させてきたことで、君は人生を台なしにしている。それは、ときおり起こすパニック発作よりも取り返しのつかないことだ。そしてジャックには、どれだけ君ががんばってもバイ菌は絶対になくならないし、感染することもあると言い聞かせた。

目標は、自分の価値観が理にかなっていないことを、子どもたちに認識させることだ。「そもそも、いまもっている価値観は自分が選んだものではなく、疾患によるものだ」という認識をもたせ、この不合理な価値観のために人生をうまく生きていく本来の力が発揮できなくなっている、と気づかせるのだ。

次のステップは、子どもたちにいまの価値観よりも大切な価値観を選ぶように励まし、そして、選んだ価値観に意識を集中させること。

ジョシュにとっての新しい価値観は、友だちや家族に自分の障害を隠そうとせず、普通の社会生活を送る可能性を見つけることだ。イモジェンには、自分の考えや気持ちをコントロールできるようになって、以前のようにまた楽しく暮らすこと。そしてジャックは、パニックを起こすことなく、長い時間外出できるようになることだ。

この新しい価値観をしっかりと意識の中心において、子どもたちは集中的な脱感作療法《だつかんさ》（訳注：不安や恐れを減らすための精神療法のひとつ）を受け始めた。この行動療法では、彼らは新しい価値観を身につけなければならない。続々とパニック発作が起き、涙をこぼす者もいる。ジャックは、ズラリと並んだ物体にパンチをくり出しては、その直後に手を洗った。

しかし、このドキュメンタリー番組のラスト近くになると、大きな前進が見られるようになった。イモジェンは、もう何か物体の表面と出くわしても、それを叩かずに通り過ぎることができるようになった。そして、こう語った。「まだ頭の奥のほうに怪物たちがいるの。きっとこれからもいると思う。でも、だんだんおとなしくなってきてるのよ」

ジョシュは、三十分くらいなら自分の動作を「同等化」しないでいられるようになった。

ジャックにいたっては、レストランに行ってボトルの水をグラスに注いで飲めるようになった。ジャックは、学んだことをうまくまとめて、こう言った。

「いままでみたいな生活を僕は選んだんじゃない。こんな、ひどい状態は僕が選んだんじゃないんだ。そう、僕は自分の障害とどうつき合っていくか選べる。どうつき合っていくか選ばなくちゃいけないんだ」

ＯＣＤであったり、障害をもっていたり、なんらかの不利をかかえて生きている人のなかには、自分に対処できることはないと感じ、その結果、自分の状況に責任をもたない人もいる。「自分で選んだわけでもないのに、こんな遺伝があって最悪だよ。いろんなことがうまくいかないのは遺伝のせいで、僕のせいじゃない」

確かにそうだ。彼らのせいではない。でも、やはり彼らに責任はある。

大学時代、僕はプロのポーカー・プレイヤーになろうと本気で考えていた時期がある。お金も稼げたし楽しかったから、一年くらい真剣にプレイしたけれど、結局やめてしまった。コンピュータの画面をにらみつけて徹夜して、一日に何千ドルも稼いでは翌日にスッカラカンになるようなライフスタイルは、僕に合わないと思ったから。それに、このうえなく不健康だし、気持ちが安定するものでもないと思ったから。だけど、ポーカーをしていた時間は、僕の人生観に驚くほど大きな影響を与えた。

ポーカーの素晴らしいところは、いつも運の要素が絡《から》んではいるけれど、それがゲームの行方を左右することはない点だ。ひどいカードを配られたプレイヤーが、すごくよいカードを配られたプレイヤーに勝つこともできる。もちろん、後者のほうがハンド（ポーカーの勝敗が決まる持ち札のこと）を獲得する可能性は高い。でもゲームの勝敗は、プレイヤー自身がゲーム全体を通して選択をくり返すことで決まるんだ。

これは、人生にもあてはまると僕は思っている。僕らはみんな、カードを配られている。ほかの人より悪いカードを配られた人もいる。「とんでもない手をつかまされた」と嘆くのは簡単だけど、本当の勝負はそのカードで何をするか選び、どんなリスクを負うか決め、どんな結果を引き受けるかを選択することにある。

与えられた状況においてそのつど、もっともよい選択をし続けた人が、ポーカーでも人生でも、やがて人より優位に立つ。かならずしも最高のカードを配られた人ではないのだ。

神経学的・遺伝学的な障害のために精神的に苦しむ人がいる。もちろん、悪い持ち札を受け継いだのは彼らのせいではない。デート相手がいないと思い込んでいるあの背の低い男だって、背が低いのは本人のせいじゃない。

それでも、彼らに責任はある。精神医学的な治療を求めるか、カウンセリングを受けるか、それとも何もしないか、最終的な選択をするのは彼ら自身だ。

ひどい子ども時代を体験する人もいる。虐待や暴行を受けて、肉体的・精神的・金銭的に悲惨な目に遭う人もいる。いろいろな問題をかかえ、さまざまな支障をきたすけれど、当事者にはなんの落ち度もない。

それでもやはり、彼らに責任はある。問題をかかえながらも前に進み、自分の置かれた環境のなかで自分のできる一番よい選択をする責任は、決してなくならないのだ。

「かっこいい被害者」という罠《わな》

責任と過失を混同することによって、人は自分の問題解決の責任を他人に負わせることができる。こうして問題のいっさいを責任転嫁できると、人は一時的にハイな気分になり、またある種の正義感も味わうことができる。

残念なことに、インターネットやソーシャル・メディアの副産物として、**他人に問題の責任を押しつけることが以前より簡単になった**。こういう「あんたのせいよ合戦」の公開中継は人気があって、一部では「カッコイイ」とさえ思われている。

「不正行為」を公開の場で情報発信することは、ほかの話題よりも注目を集め、人の感情を一気に噴出させる効果がある。その恩恵を受けるのは、年がら年じゅう被害者の気分でいられる人たち。彼らにますます注目と同情が集まるからだ。

「かっこよく被害者でいること」は、最近では右派にも左派にも、そして富裕層にも貧困層にも蔓延《まんえん》している。あらゆる階層・立場の人たちが同時に〝不当な被害〟を受けていると感じるなんて、人類史上初の事態かもしれない。彼らはみんな、被害者意識にともなう道徳的な義憤から気分が盛り上がり、一種のハイな状態に酔いしれているのだ。

何かで気分を害したと言っては――たとえば、人種差別に関する図書が大学の授業で課題になったとか、地元のショッピングモールでクリスマスツリーが禁止になったとか――とにかく虐げられている気分になり、それを理由に炎上（アウトレージ）して一定の注目を浴びる。そして、それが当然だと考えている。

現在のメディア環境は、このような反応をあおって長引かせる傾向がある。それは結局、ビジネスにとって都合がよいからだ。

作家でありメディア批評家であるライアン・ホリデイは、これを「アウトレージ・ポルノ」と呼んでいる（訳注：「アウトレージ・カルチャー」ともいう）。メディアが、真実のストーリーや問題を扱うよりも、ある程度の不快感を与える話題を見つけて、それを広範な視聴者に流して炎上させ、その怒りの反響をさらに広めることで新たな集団を激怒させるほうが、はるかに簡単であり、儲かることに気づいたのだ。

これが引き金となって、相対するふたつの架空の陣営が、互いにくだらない意見を浴びせ合うようになる。その一方で、人々は本当の社会的な問題から注意をそらされている。僕らがこれまでになく政治的に二極化してしまっているのも、当然のなりゆきだろう。

「かっこよく被害者でいること」の最大の問題は、それが実際の被害者に向かうべき関心を吸い取ってしまうことだ。**ちっぽけな違反行為に対して「自分は被害者だ」と公言する人が増えれば増えるほど、本当に被害を受けている人たちが誰なのか見えなくなってしまう。**

人はまるで中毒にかかったように、いつも気分を害していたくなる。ハイになれるからだ。なんであれ、自分がいつも正しく、道徳的に優位でいられるなら気持ちがいいってわけだ。

政治漫画家のティム・クライダーは、『ニューヨークタイムズ』紙のコラムにこう書いている。

「義憤は、刹那《せつな》的な快楽と同じく、やがて僕らを内側から蝕む。しかも、悪意がないからタチが悪い。義憤が喜びになっていることに気がつかないのだ」

しかし自由主義社会に生きている以上、僕らは自分の気に入らない人々や考えを相手にしなければならない場合がある。それは僕らが払うべき代償だ。現代の政治体制の本質とさえいえる。ただ、人々はそのことをどんどん忘れてしまっているようだ。

戦いは慎重に選ぶべきである。同時に、敵と見なす相手のなかにも共感できるところを見つける努力をすべきだ。ニュースやメディアに対しては健全な懐疑心をもっているほうがいいし、反対意見の人たちを刷毛《はけ》でひと塗りに色分けするのはやめたほうがいい。**「自分は正しい」「気分よくいたい」「復讐してやる」という価値観よりも、「正直でいる」「透明性を大事にする」「疑いを歓迎する」という価値観を優先させるべき**だ。

こういう「民主主義的な」価値観をもち続けることは、ネットワーク社会のまっただなかに身を置いているとなおさら難しい。それでも僕らは責任を受け入れ、そういう価値観を大事にしなければならない。

どうすれば過去を手放せるのか

「あんたの言うことはわかった。だけどさ、どうやって変わったらいいんだ？」

これには、とっておきのヨーダ（映画『スター・ウォーズ』）の物真似で答えよう。

「変わるか、変わらないかじゃ。〝やり方〟なんてものはないんじゃよ」

僕らはすでに、**日々どの瞬間にも、何を気にするか選択している。だから、ほかのことを選んで気にすることで変われる**んだ。単純なことだろ。だからこそ、簡単じゃないんだけど。

容易じゃないのは、最初のうち自分のことが「負け犬」とか「ペテン師」とかに思えるからだ。きっと気持ちがざわつくだろうし、怖じ気《おけ》づくだろう。そのうち、妻や友だちや父親にムカっ腹を立てるようになるかもしれない。

どんなことが起こるか、いくつか見てみよう。まず、不安な気持ちになる。これは僕が保証するよ。「俺はこいつをホントにあきらめなくちゃいけないのか？　こうするのが正しいことなのか？」みたいにね。何年も頼っていた価値観を捨てると、もう正しいか間違っているかもわからないくらいに頭が混乱してしまう。これはつらい。でもそれで正常なんだ。

次に、負け犬の気分になる。慣れ親しんだ価値観で自分を計りながら人生の半分を過ごしてきたわけだから、優先順位も尺度も変えたうえに以前の行動までやめてしまうと、前に信じていた古い尺度では「できそこない」になる。そうなると、とたんに自分が「ペテン師」だの「つまんないヤツ」だのと思えてくる。これも正常な反応だが、快適ではない。

さらに、確実にさまざまな拒否に見舞われることになる。人生のなかで築いてきた人間関係の多くは、それまでもっていた価値観に基づいているので、その価値観を変えた瞬間——たとえばパーティに行くより勉強するほうが大事だと決めた瞬間、過激なセックスより結婚して家庭をつくるほうが大事だと決めた瞬間、高給よりやりがいのある仕事をするほうが大事だと決めた瞬間——人間関係のあちこちから反響を呼び、その多くが自分の目の前で壊れてしまうかもしれない。これもまた正常で、なおかつ快適ではない。

これらが、つらいけれども必要不可欠な副作用だ。どれも、これまでとは違うところ——いままでよりはるかに重要で、エネルギーを注ぐ価値のあるところ——に気を向けるという選択によって起きる。

価値観を見直すにつれて、きっと途中で内的・外的な抵抗に出くわすだろう。何よりも、不安を感じると思う。「これが間違っていたらどうしよう？」と。

でも、あとでわかるように、これはかならずよい結果をもたらす。

PART

5

まとめ

◆同じ仕事でも「自分で決めたこと」と「やらされ仕事」は違う

◆どんな出来事が起こっても、一〇〇パーセント責任を負う

◆ゲームの勝敗は「自分の選択」で決まる

◆敵であっても〝共感〟を見出すクセをつける

◆古い価値観を手放すと、周囲に混乱を呼ぶことがある。
しかし、これは必要なプロセスだ

PART

6

「信念」は、あなたの力になるか

解決への道②
「不確実／予測不能」の受けいれ方

「正しい答え」を探す旅

いまから五百年前、地図をつくる人はカリフォルニアが島だと信じていた。医者は、病気は患者の腕を切開して治すものだと信じていた。科学者は、炎はフロギストン（燃素《ねんそ》）という物質から生じると信じていた。天文学者は、太陽が地球のまわりを回っていると信じていた。

僕は小さいころ、兄貴が祖母の家に秘密の通路を見つけたと思い込んでいた。トイレから出てこないで、家の外に出ていけたからだ（トイレに窓があったというだけの話だけどね）。

友だち一家が「ワシントンＢＣ」へ出かけたと聞いたときには、恐竜の時代にタイムスリップしたんだと思った（なんたってＢＣは紀元前だからね！）。

十代のころには、まわりのみんなに「気にしてることなんか何もない」と断言していた。本当は、気にしすぎるくらい気にしていたのに。

僕の知らないうちに、誰かが僕の世界を支配すると思い込んでいたし、幸福になるかどうかは運命的に決まっていて、選べないとも思っていた。愛はただふっとわいてくるもので、そのために何か努力するものではないと思っていた。「カッコよくなる」には、ほかの人を見習って練習するもんだとも思っていた——自分で考え出すんじゃなくて。

最初の彼女とつき合っていたとき、僕ら二人は永遠に一緒だと思っていた。その後、彼女との関係が終わると、もう二度と女性に対してあんな気持ちにはならないと思った。

しばらくして、ある女性に対してまた同じ気持ちになったとき、愛だけでは不十分なこともあるのだと思った。その後またしばらくすると、"愛のかたち"は人によっていろいろあっていいんだと気づいた。個人がそれぞれ、何によって満たされるかを決めればよいと。

僕はあらゆる段階で間違っていた。自分自身についても、他人についても、社会についても、文化についても、世界についても、宇宙についても――何もかも。

そして僕は、残りの人生もそんなふうでいいんじゃないかと思っている。

「現在のマーク（つまり、いまの僕）」が「過去のマーク」を振り返って、欠点や間違いに気づいたように、いつか「未来のマーク」が「現在のマーク」を振り返って、いろいろな思い込み（この本の内容も含めて）や相変わらずの欠点に気づくんだろう。そして、それはよいことだと思う。僕が成長したということだから。

バスケットボールの神様、マイケル・ジョーダンの有名な言葉にこんなのがある。

「俺は何度も何度も失敗してきた。だから成功できたんだ」

そう、**僕も何度も何度も間違えてきた。だから人生がよくなってきた**んだ。

成長とは、どこまでも反復するプロセスだ。

何か新しいことを学ぶとき、僕らは「間違っている」から「正しい」へ移行するわけではない。「間違っている」から「少し間違っている」に移るだけだ。そして、また何かを学ぶと「少し間違っている」から「やや間違っている」へと移動し、だんだん間違いが減っていく。僕らはどこまでも「真実」や「完璧」に向かって近づいていくプロセスにあり、決してそのどちらにも到達することはないのだ。

究極の「正しい」答えを見つけようとしてはいけない。それよりも、今日の自分の間違いを少しずつ削り落とそうとすべきだ。明日の間違いを少しだけ減らせるように。

こう考えると、個人の成長を科学的にとらえることができそうだ。

僕らの価値観は「仮説」のようなもの。つまり、「この行ないはよく、あの行ないはよくない」と仮説を立てる。そして、実際の行動は「実験」のようなもの。さらに、その結果として生じた感情や思考パターンが、僕らの「データ」になる。

正しい教義や完全なイデオロギーはない。何事も自分で経験してみなければ、正しいかどうかはわからないのだ。そして、その経験自体が間違っている場合もある。

君も僕も、ほかのみんなもそれぞれ別のものを必要とし、それぞれ個人的な歴史をもち、それぞれ違う生活環境のなかで生きている。だから、僕らはみんな必然的に、人生の意味にしろ、いかに生きるかにしろ、それぞれの「正しい」答えに到達するはずだ。

僕にとっての正しい答えは、一人旅に出て、人里離れた場所に転々と移り住み、自分のおならに笑ってしまうようなことだった――少なくとも、最近まではね。答えは変化し、進化していくと思う。僕自身が変化し、進化していくのだから。

そして、年齢を重ね経験を積むにつれて、僕は自分の間違っているところを少しずつ削り落としていくから、毎日少しずつだけど、確実に間違いは減っていくんじゃないかな。

多くの人が、**「自分の人生は間違っていない」と思うことに固執するあまり、結局はそれぞれの人生を生きることができない。**

ある女性は、独身で寂しいからパートナーが欲しい。でも家から一歩も出ず、何もやってみようとしない。ある男性は、身を粉《こ》にして働いているから昇進して当然だと思っている。でも、そのことをはっきりと上司に言う気はさらさらない。

この二人は失敗を恐れ、誰かにノーと言われることを恐れているんじゃないか？　いや、そうじゃない。もちろん、拒否されると傷つくし、失敗すると気が滅入る。でもそうじゃなくて、僕らはある特定の「確かなこと」を信じ、それにしがみついているんだ――疑ったり手放したりするのが怖い「確かなこと」、長いあいだ僕らの人生に意味を与えていた価値観に。

この女性は、自分の好感度に対する自分自身の思い込みに否応なく直面しなければならなくなるから、デートに出かけようとしない。この男性は、自分の値打ちを自身で思い込んでいるだけだということに直面してしまうから、昇進を願い出ようとしない。「きっと誰も私を魅力的だと思わない」とか「どうせ誰も俺の才能を認めない」という痛々しいほど**「確かなこと」に浸っているほうが、自分の思い込みを実際に試して確認するより楽だ**からだ。

こうした思い込みには、ある意図が隠されている。思い込んでいれば、そこそこの慰めになるし、いつかは幸福と成功が手に入るような気分でいられる。だから、僕らはしがみついてしまう。自分は正しいと思っているから。どんなことが起きるか、自分はもうとっくにわかっていると思っているから。物語の結末を、僕らはもう知っているということだ。

「思い込み」は成長の敵である。物事が起きるまでは、確かなものなんて何もない。そして、実際に起きてからでも、その「確かさ」には疑うべき点があるものだ。だから、「僕らの価値感はどんな場合でも不完全だ」ということを受け入れなければ、成長は見込めない。

僕らは「確かさ」を追求するのではなく、むしろ絶えず疑いをもつように心がけなければならない。自分自身の思い込みに対する疑い、自分自身の気持ちに対する疑い、そして将来自分に起きるであろうことに対する疑いをもつのだ。

いつも正しい自分でいようとするのではなく、いつも自分がどれだけ間違っているのか見極める努力をすべきだ。**僕らは、かならず間違っている**のだから。

間違っているからこそ、変化の可能性が開かれる。間違っているからこそ、成長の機会が与えられる。間違いに気づかなかったなら、人類はいまでも、病気を治すために腕を切開していただろう。

何がポジティブな経験で何がネガティブな経験か、僕らは実際にはわかっていない。人生においてもっとも困難でストレスを感じる瞬間が、最終的にはもっともやる気にあふれ、成長できる契機になることがある。人生において最高の満足感を得る体験が、集中を切らせ、意欲を削《そ》ぐきっかけになる場合もある。**ポジティブ／ネガティブについての自分の概念を信用してはいけない**ということだ。

五百年前の人々の生活を振り返って僕らがゾッとするように、いまから五百年後の人々はたぶん、僕らの生活や確信していることに笑ってしまうだろう。

お金や仕事が人生の一大事と思っていることを笑うだろうし、有名人には賛辞を惜しまないのに一番大切な人には感謝の気持ちを伝えないことを笑うだろう。僕らの習慣や迷信や心配や戦争を不思議がるだろうし、僕らの残忍さを見て唖然《あぜん》とするだろう。僕らの芸術を研究し、僕らの歴史について議論し、そして僕らについての真実を理解するだろう――僕らのうち誰ひとりとしてまだ気づいていない真実を。

そして、そんな彼らも間違うはずだ。ただ、僕らよりも間違うことが少ないだけで。

その「思い込み」は99％間違っている

ある心理学者が興味深い実験を試みた。

被験者をランダムに一人ずつ部屋に入れる。その部屋には押しボタンがいくつかある。入室した人に「何か特定のことをすると、ライトが点灯してポイントの獲得を知らせます。制限時間は三十分。さあ、あなたは何点獲得できるでしょう！」とアナウンスする。何をすればライトがつくかは、一人ひとりが突き止めなければならない。

さて、何が起きたか。

入室した被験者は腰かけるなり、ランダムにボタンを叩き始める。やがてライトが点灯して一点獲得を知らせると、当然のように同じことをくり返してさらなる得点を目指す。ところが、次のライトはつかない。

そこで、もっと複雑な作業を試し始める。こっちのボタンを三回、そっちのボタンを一回押して、三秒待つ。すると……ピンポーン！　もう一点獲得。でも、やがてそれも効果がなくなり、ボタンの位置や回数が決め手じゃないと考え始める。

わかった、私の座り方と関係があるんだわ！　いや、私が触っているものに関係があるのかも。ひょっとすると足の位置かしら？　ピンポーン！　もう一点獲得。そうだ、足なんだ。そして別のボタンを押す。ピンポーン！

十分から十五分もすると、ほとんどの人が得点に結びつく一連の動作を突き止めた気になる。たいていが妙な動作で、たとえば「片足立ち」だったり「側転」だったり。

しかし、これには仕掛けがあって、実は得点はランダムに与えられていて、一連の動作もパターンも関係なかった。ただときどきライトが点灯して、そのときピンポーンの音が鳴るだけ。でも部屋のなかの人は側転をしながら、きっと自分のやっていることが得点につながっていると思っていた。

この実験の要点は、人の意識がいかにデタラメで、それをいかにたやすく信じ切ってしまうか、ということだ。そして、僕らはみんなそれが本当に得意だということがわかった。どの人も実験の狙いを見抜き、ゲームに勝ったと確信して部屋を出ていく。みんな、得点に結びつく〝完璧なパターン〟を発見したと思い込んでいた。

ところが、彼らが思いついたパターンは、一人ひとりの個性と同じくらいユニークだった。ある男性は長くて複雑なパターンを思いついたけれども、それはほかの人には無意味だった。ある少女は、得点するには天井に何回かタッチしなければならないと信じ込み、その結果、部屋を出るときはヘトヘトに疲れていた——何度も跳んだりはねたりしたために。

僕らの脳は「意味づけ」をする機械ともいえる。僕らが理解している「意味づけ」とは、ふたつかそれ以上の経験を関連づけること。ボタンを押すとライトがつく、ということは、ボタンはライト点灯の要因だと考える。これが「意味づけ」の原理だ。ボタン、ライト。ライト、ボタン。椅子が目に入る。それが灰色に見える。すると僕らの脳は、その色（灰色）と物体（椅子）を結びつけてとらえ、意味をつくり上げる。「その椅子は灰色だ」と。

僕らの意識は絶えず回転し、自分をとりまく環境を理解しコントロールするのに役立つよう、物事を関連づけていく。僕らの経験するすべてが、外的な経験も内的な経験も含めて、意識のなかで新しく関連づけられ結びつけられる。

しかし、ここにふたつの問題がある。まず、脳は不完全であるということ。僕らは見ているもの聞いていることを取り違えるし、かなり簡単に物事を忘れ、出来事を勘違いしてとらえる。もうひとつは、一度自分なりに意味をこしらえると、僕らの脳はその意味に固執するようにできているということ。僕らの意識がつくり上げた意味によってバイアス（偏《かたよ》り）がかかり、それを僕らはなかなか手放そうとしない。たとえ、僕らのこしらえた意味と矛盾する証拠を目の当たりにしても、とりあえず無視して自分の思い込みを信じ続ける。

コメディアンのエモ・フィリップスは以前こんなことを言っていた。

「僕だって昔は、人間の脳は体のなかで一番素晴らしい器官だと思っていたものさ。でも気がついた。誰が僕にそう言い聞かせてるのかってね」

残念なことに、事実はこうだ。**僕らが理解し信じるようになったものの大半が、実は生まれつき僕らの脳のなかにある不正確さと偏りによってつくり出されたもの**だということ。僕らの価値観のほとんどが、世界をありのままに反映させていない出来事の産物であるか、あるいは、完全に間違えてとらえた過去の出来事の結果なのだ。

で、結論は何かって？　僕らの思い込みはほとんど間違っているということ。正確に言うと、思い込みはすべて間違っていて、そのうちのいくつかがほかより少し間違っていないだけ。人間の意識は、不正確なものの寄せ集めなのだ。なんだか不安になってくるかもしれないが、これはとても重要な概念なので、きっちり受け止めてほしい。

〝記憶〟はどれほど当てになるか

一九八八年、ジャーナリストであり女性解放運動の作家でもあるメレディス・マランは、セラピーを受けながら衝撃的なことに気づいた。子どものころ父親から性的な虐待を受けていた、と。ショックだった。それは抑え込まれた記憶、大人になってからずっと封印されていた記憶だった。三十七歳になったメレディスはそのよみがえった記憶を父親にぶつけ、そしてほかの家族にも打ち明ける。

メレディスの告発は家族を狼狽《ろうばい》させた。父親は即座に否定し、何もしていないと主張する。家族の何人かがメレディスの味方になり、ほかは父親の味方になった。家族という樹は真っぷたつに割かれた。以前からずっとメレディスのなかでくすぶっていた父に対する苦痛が、いまや枝葉にまで広がり、家族全員の絆《きずな》を断ち切ってしまったのだ。

その後、一九九六年になって、メレディスはまた別の衝撃的な真実にたどり着いた。父親から性的な虐待を受けてはいなかったのだ（やっちまった、だよね）。メレディスは、善意のセラピストに手助けされて、記憶をつくり上げてしまったのだ。

罪悪感にかられたメレディスは、父とほかの家族と和解するために謝罪と釈明に明け暮れた。しかしもう手遅れだった。父はまもなく亡くなり、家族がもとどおりになることはなかった。

こういうケースはメレディス一人ではなかった。一九八〇年代を通して、多くの女性が男性家族を性的虐待の罪で訴え、その数年後に前言をひるがえし、告訴を撤回している。同じように、その十年間、人々は児童虐待を行なう邪悪なカルト教団が広範に存在すると告発した。しかし、何十もの都市で警察が徹底的に捜査したにもかかわらず、そのような狂気の行為を裏づける証拠はいっさい見つからなかった。

なぜ人々は突然、記憶をでっち上げて、家族内やカルト教団で恐ろしい虐待行為があったなどと言い出したのだろう？　それらは、なぜ一九八〇年代に起きたのだろう？

子どものころに伝言ゲームをしたことはあるだろうか？　何かのメッセージを一人に耳打ちして、次々と十人くらいまで伝言していくゲーム。最後の人になると、最初のものとは全然違うメッセージになっている。僕らの記憶は、基本的にそんなふうに働くものなのだ。

僕らは何かを経験すると、二日か三日あとには少し違えて思い出す。まるで伝言ゲームのように。それから、僕らはその少し違った記憶を誰かに話す。当然、何カ所か脚色して、話のつじつまを合わせないといけなくなる。そうなると、その脚色部分が本当のことのように思えてくる。次にまたその話をするときには、脚色がすっかり事実になっている。

こうして一年経ったある夜、酔っぱらってまたその話をもち出すときには、さらに少し脚色を加える。はっきり言って、話の三分の一は完全なるつくり話だ。でも翌週、自分が酔って大ぼらを吹いたとは認めたくない。そこで、「新改訂版・酔っぱらい拡大バージョン」のままで通すことにする。そして五年後には、神にも誓えるはずの話には、せいぜい五〇パーセントの真実しか含まれていないってことになる。

こういうことを、僕らはみんなしているんだ。君もしている。僕もしている。どんなに正直でも、悪意などなくても、僕らは自分とまわりが勘違いし続けるように仕向けているんだ。その理由はただひとつ。僕らの脳は効率よく働くようにできているから。「正確に」ではなく「効率よく」だ。

僕らの記憶はまるっきり当てにならない——だけでなく、僕らの脳も恐ろしく偏って機能する。どうして、そうなるのか？　常に僕らの脳が、いままで信じていたことや経験したことに基づいて、いまの状況を把握しようとしているからだ。

新しいどんな情報も、すでにもっている価値観や結論と対比して評価される。結果的に、脳はいつも、その瞬間に僕らが本当だと感じるほうに偏ってしまう。

メレディスのでっち上げた虐待ストーリーは、その思い込みを生んだ本人の価値観を考えると、断然わかりやすくなる。

第一に、メレディスは生まれてからほとんどのあいだ、父親とぎくしゃくした関係を続けていた。第二に、メレディスは男性との親密な関係に何度も失敗し、離婚もしていた。だから、彼女の価値観に関していうと、その時点ですでに「男性との深い関係」はあまり好調ではなかったということになる。

一九八〇年代初めに、メレディスは急進的な女性解放運動家になり、児童虐待の研究に乗り出す。次から次に残酷な虐待の話に直面し、近親相姦の被害者（たいていは幼い少女）に対応し、その調査活動は何年も続いていた。

そして、メレディスはある女性と恋に落ちる。相手は近親相姦の被害者だった。そのパートナーと互いに依存し合うなかで、メレディスは過去のトラウマから相手を「救おう」と懸命に努力するが、パートナーのほうは、過去のトラウマを武器にしてメレディスの愛を勝ちとろうとする、という有害な関係を築いていった（「有害な関係」については、パート8でも扱うことにする）。

その一方で、メレディスと父親の関係はさらに悪化し（娘が同性愛者になったことに父が大喜びするはずもなく）、メレディスはまるで強迫観念にとらわれたかのように、足しげくセラピーに通った。メレディスを担当した数名のセラピストは、それぞれに価値観と信念をもって行動する人たちであり、機会あるごとにこう分析した。

「それはストレスが多いジャーナリストの仕事のせいではないし、人間関係がうまくいっていないせいでもないと思う。そこまで不幸せな気持ちになってしまうには、何か別の原因があるに違いない。何かもっと心の深いところに……」

このころ、「抑圧された記憶」療法という新しい治療法の人気が高まっていた。この療法では、セラピストが患者をトランス状態にさせ、忘れられた子ども時代の記憶を掘り起こし、再体験させる。よい思い出がよみがえる場合が多いが、同時にトラウマ的な記憶もいくつか掘り起こされる。

そこでかわいそうなメレディスの登場だ。みじめな気持ちをかかえ、毎日、近親相姦や児童虐待を調査し、父に怒りを感じ、男性との関係に失敗し続けるメレディス。そんな彼女を唯一理解し愛してくれるのは、近親相姦の被害者である女性……。

メレディスは毎日のように、セラピストの前で涙にむせんだ。セラピストは、思い出せないことを思い出せと何度もせっつく。すると、ほら、いっちょう上がり！　とばかりに、ありもしない性的虐待の記憶がひとつ、完璧なレシピでき上がってしまった。

僕らが経験したことを脳内処理するときに最優先させるのは、その前に経験したことや感情、そして信念と矛盾しないように解釈することだ。しかし、過去と現在の出来事が矛盾することなど日常茶飯事だから、僕らは現在の経験が過去に「真実だ」「理にかなっている」と受け止めていたことすべてに反していると感じる。

そんなとき、**物事に一貫性をもたせたい一心でついついやってしまうのが、偽りの記憶をつくり出すこと**。いま経験していることを想像上の過去につなげることで、すでに確立させていた意味がどんな中身であろうと、それを意識から捨て去らなくてすむわけだ。

さっきも書いたように、メレディスの話は珍しいことではない。実のところ、一九八〇年代から九〇年代初めにかけて、何百人もの無実の人々が性的暴行の罪で虚偽告訴され、その多くが服役している。

この時代、センセーショナルに書き立てるメディアの影響もあって、人生に不満をいだいている人は、無意識に過去の記憶を書き換え、現在かかえている苦しみの原因をその記憶で解き明かそうとやっきになった。こうして、「抑圧された記憶」療法は、無意識の欲求を引き出し、具体的な記憶として意識に刻ませる役割を果たすようになったのだ。

この状況は非常に一般的になり、「虚偽記憶症候群」という名称で呼ばれるようになった。法廷内の様子は一変し、何千人ものセラピストが訴えられて療法士免許を失った。こうして「抑圧された記憶」療法は実施されなくなり、もっと現実的な方法に取って代わられた。このころの苦い教訓を、最近の研究が改めて浮き彫りにしている――**「人間の思い込みは影響を受けやすく、また記憶は恐ろしいほど当てにならない」**と。

「自分を信じろ」とか「直感に従え」などという言葉をよく耳にする。どちらも耳に心地よいフレーズだ。

でもたぶん、正解は「自分を信じることを減らす」ことだろう。とにかく、僕らの心も意識も頼りにならないわけだから。もし僕らがみんな常に間違っているとしたら、自分の信念や思い込みに疑問を徹底的に投げかける姿勢が、前進していくための唯一の論理的な道なのではないだろうか?

それは、危険な自己否定主義なのだろうか? 違う。実際はその反対で、より安全な選択であり、自分を解放する道なんだ。だからもう一度言う。

自分を信じることを減らせ。

トラブルは、この「確信」から生まれる

寿司屋のテーブルをはさんで、エリンは僕と向かい合って座っていた。どうして死を信じないかを、延々と僕に説明する。すでに三時間も続いていた。カッパ巻きを四本しっかり食べながら、ボトルの日本酒を一人でまるまる一本飲みきり、いまは二本目の半分あたりだ。確か火曜日の午後四時だった。

僕が誘ったわけじゃない。インターネットを通じて僕の居場所を突き止め、わざわざ飛行機に乗って会いにきたんだ。前にも一度、エリンは同じことをしている。これが二度目だ。

まあ、聞いてくれよ。エリンは、「死を治せる」と信じ切っているんだ。

でも、そうするには僕の助けが必要だとも思っている。必要なのがビジネス上の助けだとか、アドバイスとかならまだいい。そうじゃなくて、僕に恋人になってくれって迫るんだよ。なぜかって？　三時間かかってエリンから聞き出そうとしたけれど、それはわからずじまいだった。

実は、そのとき僕の婚約者（いまの妻）も同席していた。彼女も話し合いに加わることが重要だっていうのが、エリンの考えだったんだ。僕を「共有するつもり」なので、「恋敵に奪われる心配は無用」だってことを、婚約者にわからせたかったらしい。

エリンとは十年ほど年に自己啓発セミナーで初めて会った。なかなか感じのいい人だな、というのが最初の印象だった。ちょっとばかりスピリチュアル思想に傾いているようだったけれど、名門大学出の弁護士だったし、とびっきり頭がよかった。それに、僕のジョークにケラケラ笑い、僕のことをイカシテルと思っていたようで……まあ、当然のなりゆきでベッドをともにした。

一カ月後、エリンからカリフォルニアに引っ越してこないかと誘いがあった。彼女の部屋で一緒に暮らそう、と。このままではヤバイことになると直感して、僕は彼女との関係を整理しようとした。すると、「一緒に暮らしてくれなきゃ自殺する」と言ってきた。ますますヤバイことになりそうだ。すかさずメールの受信拒否機能を使って彼女をブロックした。

これで勢いは多少抑えられたものの、完全に食い止めることはできなかった。

エリンは、僕と出会う何年も前に、自動車事故に遭って瀕死《ひんし》の重傷を負ったことがある。そして、ほんの短いあいだ〝医学的に死んだ〟(脳が全面的に機能停止した)のだが、奇跡的に生き返ったそうだ。

「復活」してからは、なにもかもが変わったと言う。霊感が強くなり、エネルギー・ヒーリングだの、天使だの、タロットカード占いだのに興味をもち、そのすべてを信じるようになった。また、自分が超能力者であると信じ、未来を見通す力があるとも思い始めた。

そして、どういうわけかサッパリわからないが、僕と会ったときにピンと来たらしい――「私とこの人は二人で一緒に世界を救う運命なんだわ」って。

僕から受信拒否されると、エリンは次々と新しいメール・アドレスをつくり、一日に十件以上も怒りのメールを送りつけてきた。僕のウェブサイトとそっくりのサイトを立ち上げ、何十本もの記事を書いては、僕が彼女の元恋人だとか、僕に裏切られたとか、結婚の約束をしていたとか、言いたい放題だった。サイトを閉鎖するように僕から連絡すると、「カリフォルニアまで飛んできて、ずっと一緒にいてくれたら閉鎖する」という返事で、要するにこれがエリンの妥協案だった。

そのあいだずっと、エリンの言い分は変わらなかった。僕と一緒にいるのは運命的に決まっていること、つまり、神の思《おぼ》し召《め》しだそうだ。天使たちの声で夜中に目が覚め、はっきりと「私たち二人の特別な関係」が地上に永遠の平和をもたらす新時代の前触れだと言われたそうだ（本当にエリンは僕にそう言ったんだ）。

寿司屋で会うまでに、何千通ものメールが届いていた。僕が返信しようと無視しようと、何も変わらなかった。エリンの気持ちはいっさい変わらず、信念は微動だにしなかった。七年以上もそんな状態が続いていた（そして、さらに続く気配だった）。

エリンの価値観はめちゃくちゃだから、その結果に意味なんて全然ない。エリンが「正しい」と思うことを実行したからといって、それで彼女自身が正しい人になるなんてないってことだ。

エリンの心の奥底には、どうしても消すことのできない「確かさ」がある。そのことを僕に、こう表現したことがある。

「自分の執着が不合理で病的だってことはわかっているの。それで、私とあなたが気まずくなっているのもわかってる。でも、どういうわけか、それがとても正しいことに思えてしょうがないのよ。だから無視できないし、やめられないの」

一九九〇年代半ば、心理学者ロイ・バウマイスターは「邪悪」の概念について研究を始めた。彼の研究は主に、悪事を働く人たちを観察し、なぜ悪事を働くのかを考察することだった。

当時は、自分自身に対してよくない感情をもっている人たちが、悪いことをしでかすと考えられていた。つまり、「自尊心の低い人たち」ってことだ。

バウマイスターが最初に発見したのは「それは多くの場合、真実ではない」ということだった。凶悪な犯罪者のなかには、自分のことをかなりよく思っている者もいたのだ。そして、このような現実とかけ離れた自己満足感こそが、他人を軽視し傷つける行為の正当性を犯罪者に与えるのだった。

悪事を正当化できるということは、自分の「正しさ」や「信念」に揺るぎない「確かさ」があるからに違いない。人種差別をする連中は、自分たちが遺伝的に優れているという確信があるから差別してしまう。過激な狂信者たちは、天国に殉教者として迎えられる場所があると確信しているから、自爆したり何十人もの人を殺したりする。

邪悪な人間は、自分が邪悪だとは決して思わない。むしろ、ほかのみんなが邪悪なのだと信じている。

一九六〇年代に、のちに物議をかもすことになる心理実験が行なわれた。いまでは、心理学者スタンレー・ミルグラムにちなんで「ミルグラム実験」として知られるものだ。

研究者は「心理的に正常な」被験者に、ほかの被験者が間違いを犯すたびに罰を与えるよう指示した。すると被験者は徹底的に相手に罰を与え、ときにはエスカレートして命にかかわる虐待行為にまでおよぶ。自分の行為によって相手が苦しむのを目《ま》の当たりにしても、実験によって暴力を行使する役割を授けられると、道徳的に正しいことをしているという「確信」に浸り切ってしまうのだ。

問題なのは、「確かなこと」がただ達成不可能だということだけでなく、「確信」の追求はさらなる（そして、より厄介な）「不安」を引き起こす場合が多いことだ。

多くの人が、自分の仕事をこなす能力や、得られるはずの給料の額に揺るぎない「確信」をもっている。しかし、その**「確かさ」のために不満を感じることはあっても、よい気分になる**

ことはない。自分を差しおいて他人が昇進していくのを目撃すると、自分が見くびられたような気持ちになる。認められていないとか、過小評価されていると感じるのだ。

彼氏のメールをこっそりのぞき見するといった行為も、「不安」によって、そして確かなものをつかみたいという切なる欲求によって駆り立てられたものだ。メールをチェックして何も見つからない場合も、それで終わることはまずなくて、「もうひとつ携帯をもっているんじゃないか?」と考え始める。

職場で昇進がかなわず、「ないがしろにされた」と感じる場合も、同僚が信じられなくなったり、同僚の言うことをいちいち深読みしたり(そして、自分がどう思われているかを詮索《せんさく》するように)なってしまう。それがかえって、昇進を遠のかせる恐れもある。不安は不安を呼び、いつか自分に問いかけるようになる——「自分のどこがいけないんだろう?」と。

まさしく、こういう不安と絶望にさいなまれる瞬間に、僕らは知らず知らずのうちに特権意識に侵されてしまう。そして、こう考えるんだ——「少しばかりずるいことをしたっていいさ。俺は思いどおりに事を運びたいんだから」「俺以外の連中が処罰されるのは当然だ」「欲しけりゃモノにする。そんなの当たり前じゃん。たまに暴力を振るってでも」などと。

またしても真逆の結果がやってくる。**何かに対して「確かさ」をもっていたいと思えば思うほど、ますます「不確かさ」と「不安」を感じるようになる。**

そして、その逆もまた真実。「不確かさ」を受け入れ、「知らないでいてもよい」と思えば思うほど、ますます知らないでいる状態が心地よく感じるようになる。
「不確かさ」を認めることによって、僕らは他人を裁かなくてすむようになる。不必要に型にはめたり、バイアスをかけたりするのを未然に防ぐことができるようになるのだ。

さらに**「不確かさ」は、自分自身を裁くことから僕らを解放してくれる。**自分の好感度が高いのか低いのかわからない。自分がどれくらい魅力的かわからない。自分がどれくらい成功できそうかわからない。それなら道はただひとつ、目標に対して「不確か」であり続け、視野を広くもち、経験を重ねていくことだ。

「不確かさ」は、すべての進歩と成長の根源である。古い格言にあるように、「すべてを知っていると思う者は何事も学ばない」。まず何かに無知でなければ、何も学べないのだ。僕らが知らないということを認めれば認めるほど、学ぶ機会が得られるということ。

僕らの価値観は不完全で未完成なものだ。だから、それを完全で完成されたものと思うのは、危険なまでに独《ひと》りよがりな考え方だ。それは、やがて特権意識を生み、また責任を回避する姿勢につながる。

それぞれの問題を解決する唯一の方法は、僕らのこれまでの行動と信念が間違っていて、このままでは今後も解決できないと認めることだ。このオープンさが、本当の意味での変化や成長を促《うなが》すのである。

自分の価値観と優先順位を見直し、よりよく健全なものに変える前に、まず、いまもっている価値観に対して「不確かさ」を感じなければならない。意識的に引きはがし、その欠陥や偏りを見つめ、どれほど自分の価値観は世のなかに適合しないかに気づかなければならない。そうしてはじめて、自分自身の無知を目の当たりにし、認めることができる。それほどまでに、僕らの無知は、僕ら自身よりもデッカいということだ。

〝ありのままの自分〟とは

「パーキンソンの法則」とやらを聞いたことがあるかもしれない。これは、「仕事の量は、完成のために与えられた時間をすべて満たすまで拡大する」みたいなこと。

「マーフィーの法則」もきっと聞いたことがあるだろう。「およそ失敗の可能性のある事柄は、かならず失敗する」とかね。

だったらもうひとつ、そこに「マンソンの回避の法則」をつけ加えておこう。

人は、何かに自分のアイデンティティを脅《おびや》かされるほど、それを回避するようになる。

ある事柄が「自分自身に対する見方や判断を変えるべきだ」と脅《おど》しをかけてくればくるほど、

その人はその物事にとりかかるのを回避するだろうということ。

世のなかに自分がどれくらい適合しているかを知っていると、安心感をいだくことができるものだ。その安心感を揺さぶるものに対しては、どんなものでも——たとえ自分の人生をよりよいものにする可能性があっても——恐怖を感じる。

マンソンの法則は、人生のよいこと・悪いことの両方に当てはまる。

一〇〇万ドル（約一億円）を手に入れるのは、有り金全部を失うのと同じくらい、自分のアイデンティティを脅かすだろう。有名なロックスターになるのは、職を失うのと同じくらい、自分のアイデンティティを脅かすだろう。**人は、失敗することにビビるのと同じくらい、成功することにもビビる**んだ。自分が何者か、信じてきたことを脅かされるからね。

きっとずっと温めてきた夢の脚本を実際に書こうとはしない。それを書いたら、たとえばいまある〝保険査定員としてのアイデンティティ〟に疑問を投げかけることになるから。夫に向かって「寝室ではもっと大胆に楽しみましょうよ」と自分からは切り出さない。それを言ったら、〝貞節なる良妻としてのアイデンティティ〟が崩れるかもしれないから。友人に「もう会いたくない」となかなか言い出せない——〝優しくて寛容な人間としてのアイデンティティ〟に矛盾が起きるから。

こういう絶好の機会を僕らがみすみす逃すのは、**僕ら自身についての見方や感じ方を変えなければならなくなる恐れ**があるからだ。僕らが選択して目標にしてきた「価値観」が脅かされるってこと。

僕にはある友だちがいて、すごく長いあいだ、自分のアート作品をネット上に発表する話をしていた。何とかプロとしてやっていく道を切り開いてみるって。そりゃもう、何年もその話をしていたよ。資金も貯めたし、いくつか系統の違うウェブサイトを立ち上げて、そこに自分の作品集を載っけてもみた。

でも、ヤツは一度も販売に踏み切らなかった。いつもいろんな理由をつけてね。「作品の解像度がいまいちなんだ」だの、「もっとよいのをちょうど描き上げたところでね」だの、「まだ、そっちに時間を十分さけるほどの身分じゃないんだ」だの、と。

何年経っても、結局ヤツは「本職」をやめなかった。なぜだと思う？　自分のアートで食っていくのが夢だったにもかかわらず、「誰にも好かれないアーティスト」になる現実的な可能性のほうが、「誰にも知られていないアーティスト」のままでいるより、はるかに恐ろしかったからだ。少なくとも、いまのまま「誰にも知られていないアーティスト」でいるのには慣れているし、居心地がいいからだ。

僕らにはみんな自分の価値観があり、それを守ろうとする。価値観に見合う自分になろうと努力し、価値観を正当化し維持しようとする。そうするつもりがなくても、脳の配線がそうなっているのだ。

前にも言ったように、僕らはすでに知っていることや確かだと思っていることに、不当なまでにこだわりがちだ。僕がもし、「心優しい男」だと自分で思っていたら、その信念に矛盾しそうな状況は避けるだろう。信念が何よりも優先されるんだ。自分自身をどう見るか、自分が何者であって何者でないと信じているのか、これを変えないかぎり、「回避」と「不安」を克服できない。僕らはいつまでたっても変われない。

そういう意味で、「自分自身を知ること」や「自分自身を見つけること」は危険でもある。厳格な役回りに自分を固定し、不要な期待を自分に課すことになりかねない。内的な可能性からも、外的な機会からも、自分を隔絶することがありえるのだ。

自分探しをするのはいいが、もう見つけたとか、よくわかった、なんて思わないほうがいい。そのほうが、もっと違う自分や新しい自分を発見できるからだ。そして、自分のことを謙虚にありのままに認め、また他人との相違点を見つけても、それを受け入れるだけの度量をもっていられる。

「理想のストーリー」と訣別《けつべつ》する

仏教にこんな教えがある。

〝己《おのれ》〟が何者であるのかという考えは、それぞれが頭のなかで勝手につくり上げたものにすぎず、そもそも〝己〟が存在するという考えを捨てるほうがいい。

つまり、自分自身を定義する尺度は、実は自分を罠《わな》にかけて身動きさせないようにしているものだから、何もかも捨てちまったほうが身のためだって話だ。なにか仏さまに励まされたような気がする。「ゴタゴタ気にすんなよ」ってね。

頼りない感じもするけど、人生に関するこのアプローチには心理的な利点がいくつかある。自分自身に向かって言い聞かせていたストーリーを手放すと、僕らは自分を解放し、行動し（そして失敗し）、成長を遂げるようになるってことだから。

ある女性が自分のことをこう認めたとする。「あのね、たぶん私、家族のような親密な人間関係が苦手なんだと思う」

すると突然、彼女は自由に行動し、不幸な結婚を終わらせることができるようになる。みじめで最悪な結婚生活にしがみついて守っていたアイデンティティが、もう消えてなくなるのだから。

保険査定員の男性が自分のことをこう認めたとする。「考えてみたら、僕の夢にも仕事にもユニークで特別なものは、ひとかけらもないかも」

するとこの男性は、ずっと温めてきた脚本家になる夢に真正面から賭けてみる気になる。

僕から君に捧げるニュースがある。よいニュースと悪いニュースの両方だ。僕たちのかかえている問題には、ユニークなことも特別なこともほとんどないってこと。だから、それを手放すと、とても解放感を覚えるんだ。

自己陶酔のような気分にともなうのが不合理な「確信」に基づく恐怖だ。自分の乗った飛行機が墜落すると思ったり、自分の考えたプロジェクトがみんなの笑いものになると思ったり、自分はみんなから嘲《あざけ》られるか無視されるかのどちらかだと思ったりする場合、自分に向かってこう言っているも同然だ。

「俺は例外だ。俺はほかのみんなと同じじゃない。俺の悩みは違うんだ、特別なんだ」

これぞナルシシズムの骨頂だ。まるで、自分の問題はほかとは違う扱い方をされて当然だと思っている。まるで、自分の問題にかぎっては、宇宙の物理法則に従わない、独自の数学が適用されると思っている。

僕がおすすめするのはこうだ。**特別でいるのはやめよう。ユニークでいるのもやめよう。自分を計る尺度は、ありふれた一般的なものに定義し直そう。**自分のことを隠れた天才としてでなく、悲惨な被害者としてでもなく、もっとありふれた人間として計ることを選ぼう。ごく普通の一人の学生、会社員、パートナー、友だちとして。

自分の選んだアイデンティティが狭ければ狭いほど、そして珍しければ珍しいほど、まわりのすべてが自分を脅かすように思えてくる。だから、できるだけ素朴な、できるだけ普通の人間として自分を定義づけるほうがいい。

これは、自分に対する誇大妄想を断ち切るという意味でもある。「類《たぐ》い稀《まれ》な知性のもち主だ」とか、「圧倒的な魅力を備えている」とか、「他人には想像もつかないようなひどい目に遭った被害者だ」とかいった妄想だ。こうした特権意識や、世のなかに自分がなにか〝貸し〟をつくっているような感覚は捨て去ってしまおう。

そして、何年も頼りにしてきた手っ取り早くハイになる素《もと》を断念することでもある。麻薬中毒者が注射器を手放したときと同じように、こういうものを手放すと〝離脱症状〟に苦しむことになるだろう。でも、やがてその状態から立派に抜け出ることができるはずだ。

「わたしが間違っているとしたら――?」

自分に問いかけたり、自分の思いや信念に疑いをもったりするのは、もっとも身につけにくいスキルのひとつだ。でも、まったく無理というわけではない。人生において、もう少し「不確か耐性」を育てる問いかけをしてみてほしい。

自分への問いかけ1 「自分は間違っているんじゃないか?」

最近、僕の友人の女性が婚約した。彼女にプロポーズした男は実直なヤツで、酒は飲まないし、彼女を殴ったり乱暴に扱ったりもしない。人づき合いもよく、きちんとした仕事にもついている。

ところが、婚約してからというもの、彼女は兄からひっきりなしにお説教されている。「お前は何もわかってない」「こんな男と一緒になったら傷つくだけだ」などと。

「いったいなぜ？　どうしてそんなに気に病《や》むの？」と彼女が聞けば、単純に妹思いの兄として力になろうとしているだけのようなリアクションが返ってくる。

しかし、どう見ても何かを気に病んでいる。ひょっとすると、結婚というものに対する兄自身の不安かもしれない。それとも、兄妹のライバル意識か、嫉妬心か。または、自意識過剰で素直に「おめでとう」と言えなくなっているのか。

原則として、僕らはみんな自分を観察するのがものすごく下手だ。怒ったり、嫉妬したり、動揺したりすると、たいてい僕らはその原因を自分で突き止められない。それを突き止める唯一の方法は、僕らの「確かさ」という鎧《よろい》にひびを入れることだ。絶えず、自分がどれだけ間違っているのか問いかけることによって。

「俺は嫉妬しているのか？　――もしそうなら、なぜだ？」「俺は怒っているのか？」「妹のほうが正しくて、俺はただ自分のエゴを守ろうとしているだけのか？」

こういう問いかけは、意識的な習慣にする必要がある。さまざまな場面で、このように単純に自問することがきっかけとなって、「謙虚さ」や「思いやり」が僕らのおおかたの問題を解決するのに大切なんだと気づく。

自分への問いかけ2「自分が間違っているとしたら、それはどういうことを意味しているのだろう?」

「自分が間違っていたら?」と自問できる人は多いが、もう何歩か先まで進んで、「自分が間違っているとしたら、それはどういう意味だろう?」と問いかけられる人はなかなかいない。それは、間違いの背後に隠れている意味が、往々にしてつらいものだからだ。つまり、自らの価値観に疑いをかけるだけでなく、それと矛盾する別の価値観をもったらどうなるのだろうか、と考えなければならないということ。

「思想を受け入れるのではなく、たしなむことができれば、それは教育を受けた精神の証《あかし》である」と、かの偉大な哲学者アリストテレスは書いている。

異なる価値観を取り入れるのでなく吟味《ぎんみ》することができたなら、それはおそらく、自分の人生を意味あるものに変えるうえで欠かせないスキルとなるだろう。

友人の兄が自問すべきは、「妹の結婚について俺が間違っているとしたら、それはどういう意味だろう?」という問いだ。こういう問いに対する答えは、容赦ないほど直球で返ってくると思う(具体的には「俺が身勝手で自己愛の強いバカ兄貴ってことだ」ってな感じ)。

もし兄のほうが間違っていて、妹の婚約は問題なく健全でめでたいことだったなら、兄のとった行動は説明がつかない。兄自身の不安感やできそこないの価値観をもち出さないかぎりは。

この兄は、妹にとって何が一番か知っていると思い込み、妹は人生の課題を自分で決定することなどできないと信じ、妹の代わりに自分が判断し責任をとってしかるべきだと思っている。自分は正しくて、ほかのみんなが間違っていると確信しているのだ。

このような特権意識は認めにくいものだから、こういう難問を自分に投げかける人はほとんどいない。でも、問題の核心に迫るには、生半可《なまはんか》じゃない問いかけが必要不可欠なんだ。

自分への問いかけ3「自分が間違っていることで、いまよりよい問題が生まれるか？ 悪い問題が生まれるか？」

この問いは、いわばリトマス試験紙だ。僕らが相当しっかりとした価値観をもっているか、あるいは救いがたいバカなのかが、これではっきりわかる。

この問いかけの目標は、よい問題とは何かを見定めること。パート2で「がっかりパンダ」が言っていたように、人生の問題は尽きないのだから。

では、例の友人の兄には、どんな選択肢があるだろう？

A　家庭内にもめ事やいざこざをもち込み続け、本来なら幸せなはずの瞬間を気まずくさせ、そのあげく、妹からの信頼も敬意も失う——ただ、結婚相手の男は妹に向いていないという勘（直感かな？）が働いたというだけで。

B　妹の人生にとって何が正しくて何が間違っているかを判断する能力が自分にあると思わず、謙虚にふるまうことに徹し、妹本人の判断力を信用する。また、そうできなくても、妹への愛と敬意から、どんな結果になろうと受け入れる。

たいていの人は選択肢Aを選ぶだろう。どちらかといえば楽な道だからだ。これならほとんど考えたり迷ったりする必要がないし、他者の下した決断が自分の気に食わないときでも、いっさい我慢しなくていい。しかし、関係者全員にとって、もっとも悲惨な事態を引き起こすことになる。

お互いの信頼と尊重のうえに成立する健全で幸せな人間関係を維持するのは、選択肢Bである。謙虚に徹し、無知を認めることができるのも、選択肢Bである。そして、不安を乗り越えて成長できるのも、状況をきちんと認識できるようになるのも、選択肢Bである。

ただし、選択肢Bはつらく苦しいものだ。だから、ほとんどの人がこれを選ばない。

友人の兄は、彼女の婚約に反対して、いわば自分自身との戦闘状態に入った。もちろん、この兄は自分では妹を守ろうとしていると信じていた。しかし、信念は気まぐれなものだ。さらに厄介なことに、すでに自分で選んだ価値観と尺度を正当化するために、あとづけで信念をこしらえることも多い。

実はこの兄も、自分が間違っているかもしれないと考えるくらいなら、妹との関係がダメになってしまうほうがまだマシだと思っていた。「間違っている」と認めていれば、そもそも自分が間違いをおかすに至った不安感から脱皮する可能性があったにもかかわらずだ。

僕はほとんどルールをもたずに生きようとしているが、ひとつだけ、長年のうちに取り入れたルールがある。**何かを台なしにしたのが僕か、それともほかのみんなかってなったとき、たいていの場合、僕が台なしにした張本人**だってこと。

これを僕は経験から学んだ。自分の不安感や、欠陥だらけの「確かさ」をもとに行動するアホンダラだったからね。そんな経験は、数え出したらキリがないくらいある。

だからと言って、ほかのみんなにまったく非がなかったというわけじゃない。それに、君がほかのみんなより正しいときだってあっただろう。

ただ、これが現実だということ。「自分」対「世間一般」のような感じに思えるときは、たぶん実際には「自分」対「自分自身」のぶつかり合いだと考えたほうがいい。

PART

6

まとめ

◆僕たちは「間違っている」から「正しい」に変わるわけではない。「間違っている」から「少し間違っている」へと移るだけ

◆人間の脳は「勝手な意味づけ」をしたがるものだ

◆「確かなもの」ほど疑え

◆「不確かなもの」こそ、すべての進歩と成長の根源

◆君が〝もっとも恐れていること〟に向き合ってみよう

PART

7

シンプルに、ただ「やってみる」

解決への道③
「失敗しない人」は成功もできない

たとえば、僕が「無職、一文なし」だったころ

僕は心の底からこう言える。「幸運だった」と。

二〇〇七年に大学を卒業。世界的な金融崩壊と大不況にちょうど〝間に合った〟わけだ。そして、過去八十年で最悪の労働市場に、僕は入っていこうとしていた。

同じころ、僕はひょんなことから、同じアパートの住人の家賃を肩代わりするはめになり、貯金も、住むところも失ってしまった。その後の半年間、僕は友人の家に居候《いそうろう》し、雑用程度の仕事をいくつかこなしながら、できるだけ借金を少なく抑えつつ〝定職〟を探した。

僕が「幸運だった」というのは、実社会に入るときにすでに失敗を経験していたからだ。普通なら人生のもっとあとのほうで体験するであろう恐怖を、社会人になったとたんに味わった。僕はドン底からスタートしたわけだ。

だから幸運だったんだ。臭い布団にくるまって眠り、今週はＭａｃＢｏｏｋを買えるだろうかと考えながら小銭を数え、履歴書を二十通送っても、ひと言の返事ももらえなかった。そんな状況だったからこそ、「じゃあブログでも始めてインターネット・ビジネスに打って出るか」なんて向こう見ずなことを思いついた。もし僕の始めたプロジェクトが全部失敗しても、僕の

書いた投稿がひとつも読まれなくても、僕はただ出発点に戻るだけ。だから、やるだけやってみようと思ったわけだ。

「失敗」とは、それ自体が相対的な概念だ。もし、僕の尺度が無政府共産主義の革命家になることだったら、二〇〇七年から二〇〇八年までの文《もん》なし状態は素晴らしい成功ということになる。でも、僕の尺度が大学卒業してすぐにまともな仕事を見つけることだったら、僕は目も当てられないほどの落伍《らくご》者だったことになる。

僕は裕福な家庭で育った。お金に困ることは一度もなく、問題を「解決するため」にお金を使うというより、問題を「回避するため」にお金を使うような家庭だった。これも僕にとって幸運なことだったと思う。幼いうちから、お金を稼ぐってこと自体がつまらない価値基準だとわかっていたからだ。大金を稼いでもみじめな人生を送ることもあり、お金がなくてもかなり幸せな人生を手に入れることもある。だったらどうして、自分の値打ちをお金なんかで計る?(ひょっとして嫌みに聞こえるかな?)

お金以外のことに、僕は価値を見出した。それは自由であり、自律だった。起業家になることに、僕はずっとあこがれていた。ああしろこうしろと人から指図されるのが大嫌いで、何事も自分流にやるのが好きだったからだ。ネット上で仕事をするのも、僕には魅力的に思えた。いつでも、どこにいても、好きなときに好きな場所で仕事ができるからだ。

僕は自分に単純な問いを投げかけた。「金は稼げるが好きじゃない仕事をするか、インターネット起業家になってしばらく文なしでいるか」後者だ、と迷わず即答。

さらに僕は自問した。「これを試して、三年で失敗して、結局はどこかに就職せざるをえなくなったとして、そのとき僕は何か失うものがあるだろうか？」答えは、ノー。文なしで無職で職歴もない二十二歳ではなくて、文なしで無職で職歴もない二十五歳になるだけ。どこの誰が気にする？

この価値観によれば、失敗は「インターネット・ビジネスに打って出ないこと」になる。金欠でもなく、友だちの部屋や実家のソファに寝ることでもなかった。実はそれからの二年間、実際にそうやって暮らしたわけだけどね。

紙ナプキンの落書きに2万ドルの値段をつけたピカソ

パブロ・ピカソが老人になってからのこと。スペインのカフェのテーブルで、彼は使いかけの紙ナプキンに落書きをしていた。まわりに無頓着なピカソは、気の向くままに絵を描いている最中だった——まるでトイレの壁にいたずら描きをする少年のように屈託なく。とはいえ、同じ落書きでもピカソはピカソ。いたずら描きは、うっすらコーヒー染みのついた名作に一変した。

近くに座っていた女性が、感嘆の眼差しで落書きを見守っていた。すると、コーヒーを飲み終わったピカソは、席を立ちながらナプキンをクシャクシャに丸めて捨てようとした。

女性はピカソを呼び止める。

「ちょっと待って！　あなたが絵を描いていらしたナプキンを私にくださらない？　代金は払いますから」

「いいですよ」ピカソは答えた。「二万ドル（約二百万円）です」

女性はまるで、ピカソに石でも投げつけられたかのように頭をのけぞらせる。

「何ですって？　たった二分かそこらで描いたものでしょ？」

「いいや、奥さん……これを描くのに六十年以上もかかったんです」

そしてナプキンをポケットに突っ込むや、カフェから出ていった。


何かが上達するのは、何千回もの小さな失敗という土台があってのことだ。どの程度まで成功するかは、それ以前に何回失敗したかで決まるといっていい。

もし誰かがほかの人より何かが秀でているとしたら、たぶんその人がほかの人よりたくさん失敗していたからだ。もし誰かがほかの人より劣っていたら、たぶんその人は、ほかの人の経験した〝苦しい学び〟をくぐり抜けていないのだろう。

赤ん坊が歩けるようになるまで練習する姿を思い浮かべてみよう。その子は何度も転んでケガをする。でも決して、練習をやめてこんなことを言ったりしない——「あー、歩くのって僕に向いてないなあ。うまくできないんだもん」。

失敗を避けるようになるのは人生のもっとあとからのことで、それは教育システムから来るものだと僕は思う。生徒の出来を厳しく判断しては、うまくできない生徒を罰する教育システムのせいではないだろうか。

もうひとつの大きな原因は、高圧的あるいは批判的な親たち。我が子に十分しくじる経験を与えない親たちだ。彼らは、新しいことや予定外のことをする子どもに罰を与える。

さらに僕らは、マスメディアのおかげで、次から次へと発信される輝かしい成功話にさらされる。その一方で、成功の陰に退屈でつまらない訓練が何千時間もあったことは知らされない。

多くの人の失敗に対する恐怖は、多くの場合、ロクでもない価値観を選んだことから来ている。たとえば、「会う人みんなから好かれる」という基準で自分を計ったら、不安でたまらなくなると思う。失敗が一〇〇パーセント他人の行動で定義されてしまうからだ。要するに、僕にはいっさいコントロールできない他人の判断で、自分の値打ちが左右されるということだ。

ところが、もし「僕の社会生活を改善する」という尺度を取り入れたならば、僕は「他人との良好な人間関係」という価値基準を満たそうと努力できる。他人が僕にどう反応するかに関係なくだ。要するに、**僕の値打ちは僕自身の行動と幸福に基づいて決めることができる。**

パート４で述べたように、ロクでもない価値観は、僕らのコントロールのおよばない外的で物理的な目標と関わっている。このような目標の追求は、大きな不安をもたらす。また、仮にその目標を達成できたとしても、どこかむなしくなる。

もっとよい価値観は、プロセスが重視されるものだ。これも前に述べたとおり。たとえば「自分のことを正直に他人に向かって表現する」というような、「正直さ」の価値観に根ざした尺度なら、決して完全に達成されることはない。これは、くり返し取り組まれるべき問題だ。新しい会話、新しい人間関係が生まれるたびに、「正直に表現する」という課題に挑戦できる機会が巡ってくる。それは生涯続くプロセスなのだ。

自分の価値観が「世間的な基準による成功」であって、それを計る尺度が「家を一軒と、高級車を一台買う」ということだとしよう。この目標を成し遂げるために身を粉にして二十年間働くとしたら、目標を達成したとたんに、その尺度は空虚になってしまう。

あげくに、「ミッドライフ・クライシス（中年の危機）」に襲われる羽目になる。全生活を突き動かしていた問題が、目の前から急に取り払われてしまうからだ。もはや、成長し改善していく機会に恵まれることはない。そう、幸福感をもたらすものは成長であって、達成した項目を並べ立てた一覧表ではないのだ。

ピカソは生涯を通じて多作だった。九十歳過ぎまで長生きし、晩年まで芸術作品をつくり続けた。ピカソの尺度が「有名になる」とか、「芸術界で莫大な金を稼ぐ」とか、「千枚の絵を描く」とかであったなら、どこかの時点で停滞していただろう。不安や自己不信に圧倒されることはあっても、あのように十年また十年と次々に自分の画風を刷新し、さらによい作品を生み出すことはなかっただろう。

ピカソが成功した理由はまさしく、あの老ピカソがカフェでナプキンに無心に絵を描き込んだ理由と同じなのだ。根本にある価値観が、単純で謙虚だったからだ。そして、終わりのないものだったからだ。それは「正直に表現する」という価値観。だからこそ、あのナプキンはきわめて価値あるものになった。

よくなり始める直前が一番苦しい

一九五〇年代に、ポーランドの心理学者カジミェシュ・ドンブロフスキは、第二次世界大戦の生存者がどのように戦時中の悲惨な体験に対処したかを研究した。

場所がポーランドであるだけに、現実はかなり陰惨だった。この国の人々は、集団飢餓《きが》を体験し、街を一瞬で瓦礫《がれき》に変えた爆撃に遭い、ホロコースト（ユダヤ人大虐殺）や戦争捕虜の拷《ごう》問《もん》、近親者の強姦あるいは強姦殺人などの被害を受けた。すべてがナチスによるものではなく、数年後のソ連軍によるものも含まれている。

ドンブロフスキは生存者の心理を研究するにつれて、驚くべきことに気づいた。生存者の多くが、戦時の苦痛に満ちたトラウマ的体験によって、より善良で、より責任感のある、より幸せな人間になれた、と信じていたのだ。

そして、戦前の自分をいまの自分とは別人のように語る人が多かったという。愛する人に感謝することもなく、怠け者で、ささいな問題にとらわれ、与えられたものすべてを当然の権利として受け止めていた、と。戦後、彼らは以前より自信がもて、もっと人に感謝ができ、そして人生において意味のない些末《さまつ》な厄介事に動じなくなったという。

明らかに彼らの体験は悲惨なものだったし、生存者たちは誰一人として、そのような体験をしなければならなかったことに幸福を感じてはいない。多くの人にとって、戦争から受けた心の傷跡は決して消えるものではない。しかし、その傷跡を*て*こにして、自らをポジティブに力強く変えることができたのだ。

これは僕らにもみんなにも当てはまる。もっとも誇り高い偉業は、もっとも苛酷な状況に直面してこそ成し遂げられる。苦痛が僕らを強くし、逆境に負けない人間にする。

たとえば、ガンを克服した元患者は、闘病後に体力も感謝の念も強くなったと述懐する。また多くの軍隊関係者が、戦闘地帯に身を置くような危険な状況を耐えることにより、精神的な回復力が身につくと報告している。

ドンブロフスキは、恐怖や不安や悲しみが、かならずしも望ましくない無用な心理状態であるとはかぎらないと主張した。むしろ多くの場合、心理的な成長のために必要な、苦痛の典型的なかたちであると言うのだ。そして、この苦痛を否定するのは、僕らの潜在力を否定することに等しい、と。

骨と筋肉を強化するために肉体的な苦痛を味わわなければならないように、人は精神的な苦痛に耐えることによって、より強い心の回復力と自己認識力、深い思いやり、そして、より幸福な人生を手に入れることができるのだ。

僕らのものの見方が根本的に変わるのは、たいていの場合、最悪の事態をくぐり抜ける寸前である。僕らは強烈な痛みを感じるまで自分の価値観を見直さず、なぜうまくいかないのか問いかけもしない。存在の危機みたいなものが、僕らには必要なのだ。

もしかすると、君はいま、そのまっただなかにいるのかもしれない。人生最大の試練から抜け出そうと、もがいている最中かもしれない。以前は大丈夫だと思っていたことが、なにもかもうまくいかなくなって、途方に暮れているのかもしれない。

でも**それでいいんだ。それが始まりだから**。

若いころ、家に新しいビデオデッキやステレオがやってくると、決まって僕はボタンを押しまくり、コードやケーブルを手当たりしだいに差し込んだり引っこ抜いたりして、どれがどんな働きをするのか確かめた。そのうち、全体のしくみがわかってくると、動かし方を完全にマスターできるので、家のなかでそれを使うのは僕ひとりってことになることが多かった。

ミレニアル世代の子どもの例にもれず、僕は両親からまるで神童かなにかのように見られた。取扱説明書も見ないでビデオデッキをプログラムできちゃうんだから、さしずめ天才発明者の生まれ変わりといったところかな。

両親の世代を振り返って、そのテクノロジー恐怖症をニヤニヤ笑うのは簡単だ。でも大人の仲間入りをして、つくづく僕は思った。誰の人生にでも、両親が新型デッキを前にして手をこまぬいていたのと同じ状態になることがある、と。僕らはそいつをじっと見て、首をかしげてつぶやく――「で、どうすればいいんだ？」。

答えは簡単。ただやってみればいいだけの話だ。

僕はメールでよくこういう質問を受ける。

ある女性には移民の両親がいて、その両親は彼女を医科大学に行かせるために、長年切り詰めた生活を続け、学費を貯めたという。でもいざ医科大学に入ってみると、女性は医学が大嫌いだとわかった。医者として生きるのは嫌だ。だから、すぐにでも退学したい。でも、どうにも身動きがとれない。あまりにも八方ふさがりで、とうとうネット上のアカの他人（僕のこと）にメールして、バカバカしいくらい当たり前の質問をする。

「医科大学を中退するには、どうすればいいでしょうか？」

また、あるシングルマザーには成人になった子どもたちがいて、その子らが学校を卒業しても自立する気配がないという。ソファで一日じゅうゴロゴロしては彼女の買ったものを食べ、彼女のお金を使い、彼女のくつろぐスペースもプライバシーも尊重してくれない。親のすねかじりもいいところだ。いい加減に家を出て、自活してほしいと思っている。私は私でやっていきたい。でも、子どもを突き放すのは死ぬほど怖い。あまりに怖くて、わからなくなってきた。

「どうやって、この子たちに出ていってほしいって言えばいいの？」

こういうのは自動応答にしたいくらいだ。答えは簡単――「ごちゃごちゃ言わずにやる！」。

でも、渦中の人たちがそれぞれの立ち位置から見ると、手に負えないくらい複雑で不透明な問題に思える。部外者にとってはごく簡単な問題だが、当事者には難しい問題なんだ。なぜだろう？

問題は〝痛み〟だ。

医科大学を中退するには書類に書き込んで提出すればよい。それが簡潔明瞭な答えだ。だが、両親をがっかりさせるのは別問題。誰かに家から出ていってほしいと頼むのは、明快な決断。ただし、我が子を見捨てるような気持ちになるのは別問題。

思春期から青年期にかけて、僕はずっと社会的な不安感に苦しんでいた。日中はほとんどテレビゲームで気を紛らわせ、夜はだいたい酒を飲んだりタバコを吸ったりして不安な気持ちを追い払おうとした。

知らない人に声をかけるなど、考えてみたこともなかった。特に、その知らない人が魅力的な人だった場合はなおさらだ。何年もボーッと歩き回り、何度も何度も例の質問を投げかけていたんだ。

「どうすればいいんだ？　どうやって人に近寄って話しかければいいんだ？　どうしたら、そんなことができるんだよ？」

これについて、僕にはいろいろと屈折した思い込みがあった。たとえば、ちゃんとした理由もなしに誰かに話しかけるのは許されない、とか、もし僕が女性に「こんにちは」と声でもかけようもんなら、身の毛もよだつ強姦魔と思われてしまう、とか。

問題は、僕の感情が僕の現実を決めてしまっていたってこと。なんとなく人は僕と話したくないんだろうなと感じていたから、それをそのまま信じるようになってしまったんだ。

多くの人が、なんらかの痛みや怒りや悲しみを感じると、すべてを断念して自分の気持ちを紛らわせることに専念する。彼らの目標は、できるだけ早くもとの〝いい気分〟に戻ること。たとえ、それがロクでもない価値観に戻ることであってもだ。

むしろ、自分の選んだ苦痛に向き合おう。その苦痛を享受し、とことん味わうんだ。両手を広げて迎え入れ、そして、その苦痛にめげることなく行動を起こすんだ。

最初はものすごく難しく感じると思う。でも、単純なことから始めればいい。たぶん、どうしたらいいか途方に暮れるとも思う。でも、言ったよね。「人は何もわかっちゃいない」って。自分でわかっていると思っていても、実は自分がどうしたらいいか、まるでわかっていない。だから、実際に失うものなんかないだろ?

人生はとにかくやってみることに尽きる。人生のすべてがこれだ。ずっと変わらない。

「とにかく、何か、やれ」——すると、答えは見えてくる

二〇〇八年、僕は昼間の仕事に一区切りつけると、定職につくことをきっぱりあきらめて、ネット・ビジネスに打って出ることにした。当時、自分が何をしようとしているのかさっぱり見当もつかなかったが、もし一文なしになっても、自分の好きなように働く以上、それも仕方がないと考えた。それに、当時の僕は女の子を追いかけ回すことしか頭になかったので、えーい、一か八かブログを始めてみよう、と決めたんだ。「僕の暴走デートライフ」についてのね。

自営業者になって初めての朝、僕は目覚めるといきなり恐怖に襲われた。気がついたらコンピュータの前に座っていたのだけど、しばらくして思いがけないことが頭に浮かんだ。僕は自

分の決断に全責任を負い、その結果にも僕一人が責任をもつということを初めて悟ったのだ。ホームページのデザインから、インターネット市場調査、検索エンジンの最適化まで、すべて自力で学ばなければならない。なにからなにまで僕の肩にかかっている。

そこで、ごく普通の二十四歳の若者が仕事を辞めて何をしたらいいのかサッパリわからないときにすることを、僕もした。コンピュータ・ゲームをいくつかダウンロードして、仕事を避けてゲームをしまくったんだ。

何週間かたつと銀行口座の残高が赤字に変わって、もうそろそろ何かしないとまずい、と思い始めた。新しいビジネスを開始するには、毎日十二時間から十四時間は仕事に取り組む必要がある。いかにして自分をそっちに向けさせるかが問題だ。そのとき、思いがけないところから、絶妙なアイデアがわいてきた。

高校生のころ、数学の先生がよくこんなことを言っていた。

「問題に行き詰まったら、じっと考え込んだりしていてはいけない。とにかく解き始めるんだ。自分がどうしたらいいか、わかっていなくてもいい。とにかく取り組めば、そのうち正しい解法が頭に浮かんでくるものだ」

自営になってまもないうちは、それこそ毎日が悪戦苦闘の連続で、まるっきり糸口もつかめず、どういう結果になるんだか（結果なんてものが出るかどうかすら）わからず、恐怖におののいていた。でも、やがてあの先生のアドバイスが、意識の奥の奥から手招きし始めた。僕に

は まるで呪文《じゅもん》のように聞こえたね。

じっと座っていちゃだめだ。何かやれ。答えはあとからついてくる。

先生のアドバイスどおり実際にやってみるうち、僕はモチベーションについて力強い教訓を学んだ。この教訓を深くたたき込むのに約八年かかった。

その八年間は苦闘の連続だった。撃沈した製品発売計画、アホらしいブログの執筆、引き出し額オーバーの預金残高、来る日も来る日も書いた（そしてほとんど読まれなかった）何十万ワードもの言葉——そんな苦闘の日々が、おそらくこれまでの人生でもっとも重要なことを学んだ時期だったと思っている。

行動はモチベーションによる結果であるにとどまらず、モチベーションの要因にもなる。

僕らのほとんどが、ある程度のやる気を感じてから行動を起こす。そして、やる気を感じるのは、心に十分な刺激を受けてからだ。つまり、こういう連鎖反応だと僕らはとらえている。

心に響く刺激 → モチベーション → 望ましい行動

もし、何かを成し遂げたいのにやる気をまったく感じなかったら、おそらく自分をダメ人間だと思ってしまうだろう。それを自分でどうすることもできない。気持ちを大きく揺さぶる出来事が起きないかぎり、いつまでたっても、ソファから立ち上がって何かするための十分なモチベーションをもつことができない。

でもモチベーションの連鎖は、前述した「三つの鎖《くさり》」ではなく、延々と続くエンドレス・ループになっているんだ。

刺激→モチベーション→行動→刺激→モチベーション→行動→……

自分の行動が、さらなる心の反響とひらめきを生み出し、それが刺激となって、さらなる行動のモチベーションになる。この知識を活用して、僕らはものの見方をこんなふうに方向転換することができる。

行動→刺激→モチベーション

人生に重要な変化を起こすための「動機」が不足していると感じるなら、何かをやってみるに限る。何でもいいから、とにかくやってみるんだ。その行動に対する反応を、モチベーションの取っかかりにすればいい。

僕はこれを**「とにかく何かやれ」の鉄則**と呼んでいる。

自営の仕事を始めて最初の何年かは、まるまる数週間、ほとんどなんの達成感もないままに過ぎることもあった。何をしなければならないのか不安で、それがストレスになっていたせいだと思う。そんなときは、ついつい意欲をなくすものだ。

でも、僕はすぐに気づいた。いまこそ無理やりにでも何かやらなくちゃならない、って。どんなにチマチマした単調な作業でもいいから、それをやればとたんに、大がかりな作業が簡単に思えてくる。

サイト全体をデザインし直す必要があったら、とにかく座れと自分に命じ、こう言い聞かせた。「よし、いまはとりあえず、サイトのヘッダーだけデザインするぞ」

ところが、そのヘッダーができ上がると、いつのまにか別の箇所の直しにかかっていた。そして、いつのまにか僕はそのプロジェクトに熱心に取り組んでいたんだ。

作家ティム・フェリスは、七十冊以上もの作品を書いた小説家について、こう伝えている。その小説家は、どうしてそんなに続けて書けるのか、どうしてずっと書く意欲を失わずにいられるのかとたずねられ、「一日に二百個くだらない言葉を書く。それだけだよ」と答えたそうだ。要するに、二百個くだらない言葉を書くことを自分に課せば、たいていの場合、その作業から意欲がわいてくるという考え方だ。そして自分でも気づかないうちに、その小説家はページを何千もの言葉で埋め尽くしていたという。

僕らが「とにかく何かやれ」の鉄則に従うなら、失敗は取るに足らないことに思える。成功の基準が単に「行動すること」になったら、つまり、どんな結果も重要な進歩と見ることができる。刺激は最初に必要なものではなく、あとから見返りとして受け取るものだと考えられるなら、僕らはどんどん前に進むことができる。好きなだけ失敗してもいいと感じ、また、その失敗のおかげで僕らは前進するんだ。

いますぐやってみる「何か」は、とても小さくて、ハードルが低いことでいい。本来目指すこととは別であっても、最終的にはそれにつながるようなものなら、なんでもいいんだ。

雪玉は転がり始めたらずっと転がり続ける。最初に行動があれば、それが物事を進めていくモチベーションに弾みをつけてくれる。人は自分の刺激の源になれる。行動はいつだって、すぐに始められる。そして、単純に「何かやってみること」を成功の尺度とするなら、そりゃもう、失敗さえも原動力になってしまう。

PART

7

まとめ

◆君より秀でている誰かは「君より失敗を経験した人」だ

◆赤ん坊は何度転んでも、歩く練習をやめない

◆自分の「人生最悪の出来事」こそモチベーションになる

◆ごちゃごちゃ言わずにやってみる

◆悩みの多くは、行動しないと解決されない

PART

8

「最重要ミッション」に集中する

解決への道④
時間とエネルギーを吸い取るものへ「NO」を

自由を追い求めて

二〇〇九年、僕は所持品を全部かき集め、一部を売り払い、残りを人に預けると、アパートを出てラテン・アメリカに旅立った。このころまでに、僕のささやかな「デート指南ブログ」はある程度のアクセス量を確保できるようになり、マニュアル本やオンライン講座が売れたおかげで、まずまずの収入を得られるようになっていた。

二、三年は海外で暮らし、あちこちで新しい文化を体験し、生活費を低く抑えられるアジアやラテン・アメリカの発展途上国で暮らして、ビジネス拡張の資金づくりをする心づもりもあった。いわば、「デジタル遊牧民《ノマド》」への憧れだった。冒険を求める二十五歳の男として、まさしくこれが人生でやり遂げたいことだと思ったんだ。

こう書くと、僕の計画はなにやら勇ましいもののように聞こえるけれど、実は僕を駆り立てたものすべてが健全な価値観だったわけではない。もちろん、世界をこの目で見たいとか、異国の人や文化への好奇心とか、子どものころからの冒険心とかいった、まっとうな価値観にも突き動かされていた。

しかし、すべての思いの底辺には、ぼんやりと屈辱感も存在していたと思う。当時は自分でもほとんど気づいていなかったが、「ねじれた価値観」が心の奥底に潜んでいたのだろう。

二十代初めの特権意識は、十代のころの「とんでもないトラウマになるクソ体験」の影響だったけれど、もうひとつの後遺症として、僕はずっと「献身（コミットメント）の誓い」を立てることに根深いわだかまりをもっていた。

この二、三年は、十代のころに不足していたものを過剰に取り戻そうとし、社会的な不安をかき消そうとやっきになっていたので、その結果、誰とでも出会い、誰とでも仲よくなり、気に入った人は誰でも愛せて、その気になった人とは誰とでもセックスできる気分になっていた。だから、たった一人の人間に誓いを立てたり、たったひとつの国家や社会集団に献身を誓うなんてことは、いまさらないだろ？　と思えていた。何事も等しく体験できるなら、すべて等しく体験すべきだと思ったんだ。

こんなふうに、世界との壮大な一体感を胸に、僕は意気揚々とあちこちの国境を越え、海を渡って、五年以上にわたり地球規模のホップスコッチ（石けり遊び）に興じた。五十五カ国を巡り、数十人の友だちをつくり、数えきれないほどの恋人の腕に抱かれた。恋人はあっというまに次々と入れかわり、そのうちの何人かは、次の国に飛び立つころには僕の記憶からすっかり消えてしまっていた。

まさに風変わりな暮らしだった。魅惑的な体験に満ちてもいたが、同時に、痛みを麻痺させるようなハイな体験にも満ちていた。とても深い意味があるようにも、まったく意味がないようにも思える、そんな暮らしだった。

僕が人生で得たもっとも大きな教訓と、人格形成につながった瞬間のいくつかは、間違いなくこの旅の途中で出会ったものだ。しかし、時間とエネルギーをもっとも浪費したのも、同じくこの時期だった。

いま、僕はニューヨークに住んでいる。自分の家をもち、電気代の請求書を受け取り、そして妻もいる。この生活には別段、華やかさも興奮もないが、僕はそれでいいと思っている。なぜかというと、あの何年もの興奮に満ちた冒険の末に、僕はもっとも大きな教訓を学んだからだ。**「絶対的な自由は、それ自体になんの意味もない」**と。

自由は、人生により大きな意味をもたらす「機会」を与えるものだ。でも、自由そのものにはかならずしも深い意味はない。最終的に人生に意味と重要性を見出すのは、ほかの選択肢を拒否できるようになってからだ。自由をせばめ、ひとつの場所、ひとつの信念、一人の人に身を入れないとダメだってこと。

このことに僕はゆっくりと気がついた。何年も旅を続けているうちに。

行きすぎた行動は結局は自分を幸福にしないってことに気づくのは、それに思いっきり浸ってみてからだ。僕の場合はそれが旅だった。五十三番目、五十四番、五十五番目の国というふうに放浪を続けるうちに、だんだん僕はわかってきた。体験そのものはどれも楽しく心おどるものだったけれど、そのほとんどが、長続きする大切な意味を含んでいなかったのだ。

一方で、故郷の友人たちは結婚して落ち着き始め、家を買い、おもしろい会社や政治的な大義を見つけてそれに打ち込んでいた。僕は相変わらず、ジタバタしながらこっちのハイからあっちのハイへ飛び回っていたのにね。

二〇一一年、僕はロシアのサンクトペテルブルクにいた。食べ物も気候も最悪だった。五月に雪が降るなんて、冗談かと思った。ついでにアパートも最悪、住めたもんじゃない。物価がやたらと高い。人間はぶっきらぼうで、変な臭いがする。誰も愛想笑いさえしてくれず、みんなそろって飲んだくれ。

それでも、僕は大好きだった。いまでも、お気に入りの旅先のひとつである。

ロシアの文化には素っ気ないところがあって、欧米人は神経を逆なでされたように感じるらしい。偽りの美辞麗句や、歯の浮くようなセリフを並べることがまるでない。見知らぬ人間にほほ笑みかけたり、嫌いなのに好きなふりをしたりすることもない。

ロシアでは、バカバカしいことに遭遇したらバカバカしいと言い、アホンダラに遭遇したらそいつにアホンダラと言う。本当に誰かを気に入って、一緒にいるのが楽しいなら、「君のことが好きだよ。一緒にいるとすごく楽しい」と伝える。相手が自分の友だちかどうかは関係ない。アカの他人でも、五分前に街でばったり出会った人でもかまわないのだ。

最初の一週間は、僕もかなり居心地の悪い思いをした。あるロシア人女性とコーヒー・デートしたときには、腰かけて三分もしないうちに、彼女はこう言ってのけた。

「あなたのいまの話、くだらないわね」

「!?」

僕は思わずむせてコーヒーを吹くところだった。彼女の言い方はけんか腰でも何でもなく、ごく普通のことを、そのまま口にしたって感じだったんだ。まるで、その日の天気の具合とか、自分の靴のサイズを言うみたいに。

それでも、僕にはショックだった。あんなにズケズケものを言うのは、欧米では無礼だと見なされるし、会ったばかりの人からだと、なおさら不快に感じるからね。

でも、その後も会う人みんながこんな調子だった。どこで誰と出会っても、みんなぶっきらぼう。その結果、欧米のぬるま湯につかって育った僕の意識は、四方八方から攻撃を受けることになった。もう何年もご無沙汰だったあの不安感が、まるで古傷が痛むようによみがえってきたのだ。

だけど、何週間かたつうちに、だんだんロシア人の率直さにも慣れ、ロシア人気質をありのままに理解できるようになった。彼らの「飾り気のない表現」には、まぎれもない本心が込められている。彼らのコミュニケーションはあくまでも、交換条件なし、付帯条件なし、下心なし、商売っ気なし。好かれようなんていう打算も、まるでない。

そんなわけで、僕は何年も旅をした末に、ようやく一番アメリカ的でないところにたどり着き、初めて自由のもつ独特な味を満喫した。そして、生まれてからずっとこういう素っ気ない表現に飢えていた僕は、トコトン酔いしれた。まるで、初めて飲んだ最高にうまいウォッカに酔うように。それまでの僕は、家族との生活では感情を抑え込み、その後も自信のなさを虚勢で取りつくろっていたからだ。

サンクトペテルブルクに滞在した一カ月は、こうしてぼんやりと過ぎていき、最後は立ち去りたくないとさえ思った。

そんなある日、ロシア語の先生と話し合った。その先生はおもしろい理論をもっていた。長らく共産主義体制下で暮らし、経済的に向上する機会は限りなくゼロに近く、また恐怖という文化にとらわれているうちに、ロシア社会でもっとも価値ある通貨は「信用」であるとわかった、というのだ。そして、信用を築くためには正直でなければならない、と。物事にうんざりしたら、率直にそう言えばいい。率直に言ったことを謝る必要はない。人々がどんなことでも（不愉快なことも含めて）臆面なく表に出すのは、お互いにとってよい結果をもたらしている。それは、正直な表現が生き残るために必要不可欠だという事実に基づく。とにかく、誰が頼りになるのか、誰が頼りにならないのか、即座に知る必要があるんだ。

さらに、ロシア語の先生は言った。

「しかし、〝自由な〟西側社会には経済的に向上する機会が豊富にあった。とても豊富にあるから、自分をときには実際以上に見せて、さらなる付加価値をつけるようになった」

つまり、信用には価値がなくなり、見せかけや営業能力がより有利な表現形態になった、ということだ。たくさんの人を表面的に知っているほうが、少数の人を詳しく知っているより有益だ、と言いかえることもできる。

このために、笑いたくもないのにニッコリほほ笑み、言いたくもないのにお世辞を言い、賛成してもいないのに賛成したふりをするのが、欧米文化の行動規範になった。好きでない人とも友だちにようにふるまい、欲しくないものでも買ってしまう。経済のシステムがこういう欺《ぎ》瞞《まん》を促《うなが》しているのだ。

欧米のコミュニケーションには、話している相手をどこまで信用していいのかわからないというマイナス面がある。このようなことが、仲のいい友だち同士や家族間にも当てはまる。人に好かれなければならないというプレッシャーがあまりに強くて、自分の性格を相手しだいで変えてしまうことすらある。

何を選び、何を選ばないでおくか

「ポジティブ思考」文化の延長で、僕らの多くは「他者を受け入れ肯定するように最大限の努力をすべきである」と〝洗脳〟されている。これを基礎にして、いわゆるポジティブ思考派の本が数多く出版され、口をそろえて「心を開いて受け入れましょう。何事も受け入れるのです。すべての物事、すべての人に向かって『イエス』と言いましょう」などと呼びかける。

しかし拒否することも必要だ。物事にはよし悪しなんかなく、すべてが尊いなんてことになると、僕らは何によって立てばいいんだ？

拒否することも拒否されることも回避するという風潮は、往々にして、よりよい気分でいるための方法として売り込まれている。しかし拒否を回避しても、いっときの心地よさを得られるだけで、長期的に見れば、僕らはまるで舵《かじ》を失った船のようになってしまう。

何かの真髄《しんずい》を味わい尽くそうと思ったら、ひたすらそれに専念することだ。人生においてなんらかの喜びに到達することはあるが、それは何十年もかけてひとつの人間関係やひとつの専門技能やキャリアに取り組んだ場合に限られる。そして、ほかの選択肢を拒否しなければ、ひとつのことを何十年も追求することはできない。

自分の価値観をひとつ選ぶには、ほかの価値観を拒否する必要がある。何かに価値を与えるためには、その何か以外のものを拒否しなければならない。「X」に価値を見出すためには、「非X」を拒否しなければならないってことだ。

この「拒否する」ということが、自分の価値観、ひいてはアイデンティティを維持するうえで本質的に欠かせない行動となる。**僕らは、何を拒否するかによって定義される**のだ。もし、自分が拒否されるのが怖くて何も拒否しないなら、僕らにはまったくアイデンティティがないということになる。

対立や争いを避けるために拒否を回避したいという欲求、そして、すべてを等しく受け入れて矛盾なく調和させたいという欲求は、微妙に変形した「特権意識」の表われである。

特権意識をもつ人たちは、いつでも自分は最高の気分でいるのが当然だと感じているので、何も拒否しようとしない。拒否すれば、自分自身や他人を嫌な気分にさせると思うからだ。そして、何も拒否しようとしないから、彼らは場あたり的な快楽に終始する。気にかけるのはただひとつ、ハイな状態を少しでも長続きさせることだけだ。

正直であることを渇望するのは、人間にとって自然なことだ。しかし、正直に生きるということは、「ノー」と言えることであり、「ノー」と言われても苦にならないということである。実のところ、拒否は僕らの人間関係をよりよいものにし、精神生活をより健康的にするものなのだ。

他人の問題に首を突っ込んではいけない

昔あるところに若い男女がいた。それぞれの家は互いに憎み合っていた。しかし青年は、少女の家で開かれたパーティに忍び込んだ。少女は、青年を一目見るなり恋に落ちた。あっというまの出来事だった。そして、青年は少女の家の庭に忍び込み、二人はなんと翌日に結婚を決める。まあ、この場合はそれがもっとも現実的な決断だった。なにしろ、親同士が殺し合いをしそうなくらいにいがみ合っていたわけだから。

二、三日、話を先に飛ばすと……両家が二人の結婚を突き止め、大騒ぎになる。青年の親友が死ぬ。少女は仮死の薬を飲んで二日間の昏睡《こんすい》状態を装い、後で青年と落ち合う計画を立てる。しかし残念なことに、彼女の真の目的は夫となった青年に伝わらなかった。そのために、青年は少女が自ら計画した偽装昏睡を自殺と勘違いし、正気を失って自殺する――来世とかいう場所で少女と一緒になるつもりで。やがて目を覚ました少女は、夫が自殺したことを知る。そこで、夫とまるっきり同じことを考えて後追い自殺する。おしまい。

シェークスピアの『ロミオとジュリエット』は、いまの僕らの文化では「ロマンス」の代名詞になっている。恋物語の代表と見なされ、誰もが夢見る恋愛の理想だととらえられている。

しかし、この物語で何が起きたかをよくよく考えてみると、この子たちは完全に頭がいかれていることがわかる。二人ともよく考えもせず自殺しちゃったのがその証拠だ!

多くの学者が、シェークスピアはロマンスを賛美するのではなく、むしろ皮肉って『ロミオとジュリエット』を書いたのではないかと考えている。ロマンスがいかに狂気の沙汰《さた》であるかを示すのが、シェークスピアの意図だったということだ。

人間の歴史のほぼ全体を通して、ロマンチックな愛はいまほど賛美されていなかった。十九世紀あたりまでは、恋愛は不必要で、ときには危険な〝心理的障害物〟だと見なされていた。何をはばむ障害物かというと、人生でもっと重要な事柄、たとえばしっかり農作業をするとか、たくさん羊を飼っている男と結婚するとか、そういうことだ。当時の若者は、恋愛に情熱を燃やすなど許されず、経済的に安定する手堅い結婚を選ぶように仕向けられていた。

ところがいまでは、誰でも彼でも、こういう常軌を逸した支離滅裂な恋愛モノに激しく興奮する。僕らの文化はそれに牛耳《ぎゅうじ》られているようなものだ。しかも、話がドラマチックであればあるほどよいときている。

僕らの追い求める恋愛のほとんどの要素――目がくらむほどのドラマチックな愛情表現やら、浮き沈みの激しい波乱に満ちた展開やら――は、本物の健康的な愛の表現ではない。実は、これまた微妙に変形した特権意識を、人間関係にもち込んでいるだけのことだ。

わかってるって。こんな話は、さぞかし興ざめだろう。だいたい、どこの身のほど知らずが恋愛について講釈を垂れてるんだ？　でもまあ、僕の話を最後まで聞いてくれ。

愛には健康的なかたちと不健康なかたちがある。不健康な愛は、両者がお互いの感情を通じて、それぞれの問題から逃避しようとするものだ。別の言い方をすると、お互いを逃げ道にしているということ。健康的な愛は、両者がお互いに支え合って、それぞれ自分の問題を解決しようとするものだ。

人間関係が健康的か不健康かの違いは、突きつめればこのふたつに集約される。①それぞれがどれくらい自分の責任を受け入れるか、②それぞれが相手を拒否したり拒否されたりすることを怖がらないかどうか。

不健康で有害な人間関係には、かならず双方に責任感の不足や欠落が見られる。そして、かならず、双方とも拒否し拒否される能力に欠けている。**健康的で愛に満ちた関係においては、かならず二人の価値観のあいだに明確な「境界線」があり、また、必要に応じて拒否し拒否される道も開かれている。**

僕のいう「境界線」とは、二人の人間がそれぞれ自分の問題についてどこまで責任をとるかを区切っている線のこと。確固たる境界線が引かれた健康な関係にある二人は、それぞれ自分の価値観や問題に対して責任をとり、パートナーの価値観や問題については放っておく。

反対に、境界線がなかったりあいまいだったりする有害な人間関係にあっては、人は何かあるたびに自分の問題について責任をとろうとせず、そのくせパートナーの問題についてはお節介にも責任をとろうとする。

では、あいまいな境界線とはどんなものだろう？　いくつか例を挙げよう。

「私抜きで友だちと出かけるなんてダメよ。私がどんなにヤキモチ焼きか知ってるでしょ。私と一緒に家にいてね」

「同僚がみんな仕事が遅くてさ。おかげで俺はいっつも会議に遅刻するはめになるんだ。ヤツらに仕事の段取りをつけてやらないといけなくてね」

「あれじゃ、俺がどうしたってバカに見えるだろ。信じられないよ。よりにもよって、妹の目の前であんなに恥をかかせるなんてな。妹のいるところで二度と俺に偉そうにするなよ！」

「僕としてはその街での仕事をやってみたいんだけど、おふくろがそんなに遠くに引っ越すのは絶対に許さないと思うんだ」

「あなたとつき合ってること、友だちのA子には内緒にしておいてくれる？　私に彼氏ができて、自分にはいないとなると、彼女、すごく不安がるから」

気づいただろうか？　どの話にも他人が登場している。他人の問題について自分が責任をとろうとしたり、自分の問題について他人に責任をなすりつけようとしているのだ。

一般的に言って、特権意識をもっている人たちは、このふたつの罠のどちらかに落ちる。ひとつは、**自分の問題の責任を他人が引き受けてくれるものだと考える**こと。「私は家でのんびりと週末を過ごしたかった。そんなこと、言わなくてもあなたにはわかっていたはずだし、予定をキャンセルしてくれてもよかったのに」というように。

もうひとつは、**他人の問題の責任を過度に引き受けてしまう**こと。「彼女がまた面接に落ちてしまったんだけど、たぶん僕のせいなんだ。もっと協力してあげればよかったのに、そうしなかったから……。明日、履歴書を書き直すのを手伝ってやるつもりだよ」というように。

特権意識をもつ人たちが、人間関係においてこういう戦略をとるのは、すべて自分自身の問題に対する責任から逃れるためだ。結果的に、彼らの人間関係は壊れやすいニセモノにすぎなくなる。それは、パートナーへの本物の感謝と愛情ではなく、ただ心の痛みを回避してできた産物にすぎないのだ。

これは恋愛にかぎらず、家族間の関係や友情にも当てはまる。

威圧的な母親が、自分の子どもの問題すべての責任をとることもある。そうすると、母親の特権意識が子どもにまで特権意識を植えつけることになり、その子どもはやがて成長すると、いつも自分の問題は他人が責任をとってくれるものだと信じ込むようになってしまう。そんなわけで、彼らの恋愛における対人関係の問題は、両親の問題と気味悪いほど似通ったものになる。

自分の感情や行動に関する責任の範囲内に、なんとなく不明瞭な部分――何についての責任が、誰にあるのか、はっきりしない部分――がある場合は、絶対に自分自身の確固たる価値観を築くことはできない。自分の唯一の価値観は、パートナーを幸せにすることか、またはパートナーに幸せにしてもらうことになってしまうからだ。

これは自滅の構図である。そして、こんなふうに不明瞭な部分に満ちた人間関係は、たいてい飛行船ヒンデンブルク号のように派手に爆発して墜落するものだ。

他人が君に代わって問題を解決することはできない。そもそも、解決してはいけないのだ。それは君を幸せにしないから。君が他人に代わって問題を解決してあげることもできない。それも相手を幸せにしないから。

不健康な人間関係の目印は、二人がそれぞれよい気分になるためにお互いの問題を解決しようとするところにある。健康な人間関係では、むしろ二人がお互いによい気分でいるために、自分の問題を自分で解決しようとする。

境界線を設定するということは、パートナーを助けたり支えたりできないという意味ではない。また、パートナーに助けられたり支えられたりできないという意味でもない。お互いに支え合うべきだ。ただし、それは自分がそう選択した場合だけであって、そうする義務や特権があると感じるからであってはいけない。

特権意識をもつ人たちが自分の感情や行動を他人のせいにするのは、絶えず自分自身を被害者に仕立て上げておけば、いずれ誰かがやってきて救い出してくれるだろうから。そして、ずっと欲しがってきた愛を受け取れると夢見ているからだ。

逆に、特権意識をもつ人たちが他人の感情や行動は自分のせいだと考えるのは、パートナーを立ち直らせて救ってやれば、ずっと欲しがってきた愛と感謝の気持ちを受け取れると信じているからだ。

有害な人間関係にはかならず、陰と陽が存在する。そう、〝被害者〟と〝救済者〟――マッチポンプの関係だ。火事を起こす人は、そうすることで自分が重要な人間になった気になる一方、火事を消す人も、そうすることで自分が重要な人間になった気になる。

こういうタイプの二人はお互いに強く引かれ合い、たいていは一緒に生きるようになる。二人の病的な志向がぴったり嚙み合うからだ。またこのタイプの人間は、同じタイプの親のもとで成長した場合が多い。つまり、彼らにとっての「幸せな」人間関係の手本は、特権意識とあいまいな境界線に基づいた人間関係なのである。

悲しいことに、こういう二人はお互いが本当に必要とするものを満たせないで終わる。相手へ過度に期待をかけ、相手からも過度に荷を負わせられるこのパターンは、それぞれの特権意識とくだらない自尊心を助長するのだ。

〝被害者役〟は解決すべき問題をどんどんつくり出す――それは、本当に問題が存在するからではなく、注目と愛情を受けたい一心から。すると〝救済者役〟がどんどん解決する――注目と愛情を受け取るには、相手の問題を片づけてあげなければならないと信じているから。どちらの場合も、意図が利己的で条件つきであり、さらに自己破壊的でもあり、お互いに本物の愛を感じることは期待できない。

被害者役が救済者役を本当に愛していたら、「ねぇ、これは僕の問題だからさ。僕のために解決してくれなくていいんだよ。僕が自分で解決するのを、ただそばで応援していてほしい」と言うだろう。これが本来の愛だ。つまり、自分の問題には自分が責任をもち、パートナーに責任を負わせないこと。

救済者役が本当に被害者役を救いたいなら、「ねぇ、あなたは自分の問題を他人のせいにしているのよ。自分でなんとかしてみたら?」と言うだろう。ムカッときそうだけど、実はこれが本当の愛だ。つまり、相手に自分の問題を自分で解決するように仕向けること。

ところが実際には、被害者役も救済者役も、自分がハイな気分になるためにお互いを利用する。それぞれに依存症を満たし合っているようなものだ。だから、精神的に健康な人が恋愛対象として目の前に現われると、彼らはたいてい退屈したり、「相性」が合わないと感じる。なぜなら、安定したパートナーの確固たる境界線に「刺激」を感じられず、彼らにとって常に必要な興奮状態、つまりハイな気分になれないからだ。

被害者役にとって何よりもつらいのは、「自分の問題を引き起こしたのは自分自身だ」と思うこと。生まれてからずっと、自分の悲運を他人のせいにして生きてきたから、自分のことに責任をもつ第一歩を踏み出すことは、彼らにとって恐怖なのである。

救済者役にとって何よりもつらいのは、他人の問題に責任をもつことをやめることだ。生まれてからずっと、誰かを救うことで自分は価値があり愛されていると感じてきたから、その必要性を手放すことは、彼らにとって恐怖なのである。

自分にとって大事な人のために犠牲を払うときは、自分がそうしたいと思うからでなければならない。そうする義務を感じるからだとか、そうしなかった場合の結果が怖いからだとか、ではなく。

パートナーがあなたのために犠牲を払おうとしているとしたら、彼（または彼女）が心の底からそうしたいと思っているからでなければならない。あなたがそう仕向けたのではなんの意味もない。

愛ある行動は、無条件に、そして期待されることなくなされて、初めて本物となる。

義務感からの行為と、自発的な行為の違いを見分けるのは難しい。そこで、こう自問してみるといい。「私が拒絶したら、二人の関係はどう変わるかしら？」

同じように、こうも問いかけてみよう。「パートナーが僕の願いを拒絶したら、二人の関係はどう変わるだろう？」

もし答えが、「致命的な破局を招き、修復不能になる」であれば、二人の関係にとって悪い兆候だ。それは、二人の関係が条件つきであることを表わしている。お互いに表面的な利益を受けることを基本に成り立っている関係であり、無条件に相手を（それぞれの問題とともに）受け入れる関係ではないということだから。

強固な境界線をもった人たちは、相手に癇癪《かんしゃく》を起こされることも、口論も、傷つくことも恐れない。薄弱な境界線しかもたない人たちは、そういうものにおびえ、感情的な浮き沈みに対応すべく、常に行きあたりばったりの行動をとる。

強固な境界線をもった人たちは、二人の人間がお互いを一〇〇パーセント満足させるなど、そもそも無理だとわかっている。そして、**健康的な人間関係はお互いの感情をコントロールするものではなく、むしろ、それぞれの個人的な成長と問題解決を支え合う関係**だということもわかっている。

パートナーの気にすることすべてを気にするなんて、大間違い。パートナーがどんなことを気にしようが、とにかく相手のことが気になるってのが正解。それが無条件の愛なんだよ。

「相手のご機嫌を取る」より「相手に正直でいる」

僕の妻は、一度鏡の前に立つとなかなか離れないタイプだ。自分を魅力的に見せることに労を惜しまない人で、僕も（いうまでもなく）妻が魅力的でいるのは大好きだ。

夜、二人で外出する前に、妻がやっと洗面所から出てくる。一時間かけて、化粧、髪、洋服、その他あれこれの身支度セッションをすませてから。そして、僕に「今夜の私どう?」と聞く。たいていは、とてもステキだよ、と答える。

でも、ごくたまにカッコ悪いときもある。たぶん、新しいヘアスタイルを試したとか、前衛的なファッション・デザイナーがすすめるブーツを履いてみたとか、そんなところだと思う。どんな理由であれ、とにかくキマってないんだ。

妻にそう言うと、だいたい怒り出す。憤然とクローゼットやら洗面所に逆戻りだ。そこで何もかもやり直しするから、出かけるのが三十分遅くなる。

こんなとき、男は型どおりにウソをついて、とりあえず妻や恋人を満足させるものだ。でも僕はしない。なぜかって? 人との関係において、僕はよい気分でいることよりも正直であることを大事にしているからだ。だいいち、愛する女性に向かって話す言葉を自分で「検閲」するなんてまっぴらだからね。

幸運にも、僕が結婚した女性は、検閲なしの僕の意見を聞こうとしてくれる人だ。もちろん、妻は僕の戯言《たわごと》に難癖をつけたりもするけれど、それもパートナーだからこその意見だと思っている。そりゃあ、僕のエゴは傷つくし、僕だって黙っていないでブツクサ文句を言ったり、反論を試みる。でも、何時間かたつと、むっつりしながらも思い直して、最後は妻が正しかったと認める。そうして、妻のおかげで僕はよりよい人間になれるんだ。

優先順位のトップにいつも「自分がよい気分でいること」や「パートナーをよい気分にすること」をもってくると、結局は誰もよい気分でいられなくなる。そして、知らないうちに二人の関係は壊れてしまう。

意見の対立のないところに、信頼は生まれない。対立があるからこそ、誰が無条件にそばにいてくれるのか、誰が損得勘定でそばにいるのかがわかる。「イエス」しか言わない太鼓持ちを信用する人などいない。「がっかりパンダ」がまたやって来て、きっとこう言うよ。

「あなた方の人間関係にある痛みは、必要不可欠なものですよ。お互いの信頼を固めるためにも、もっと親密になるためにもね」

意見の対立は正常であるだけでなく、健康的な人間関係を維持するために絶対に必要なものだ。もし親しい間柄の二人が、はっきりと声に出して意見の相違を徹底的に論じ合えないなら、二人の関係は本音を巧みにごまかしたり取りつくろうことで成り立っているだけなので、やがてじわじわと有害な関係になっていく。

信頼は、どんな人間関係にあってももっとも重要な要素だ。その根拠は単純に、信頼がなければ人間関係はなんの意味ももたないということにある。

ある人から「愛してる、一緒にいたい、あなたのためならなんでも捨てられる」と言われても、その人を信頼できなければ、その言葉からはなんの恩恵も受けられない。自分に向けて表現された愛が、無条件にわいてきた感情だと信じることができないかぎり、自分は愛されている実感をもてないだろう。

浮気が破滅をもたらすのも同じ理屈だ。セックスが問題なのではない。セックスの結果、信頼が破壊されることが問題なのだ。信頼なしに関係が機能し続けるわけがない。だから、信頼を築き直すか、別れを告げるかのどちらかになる。

僕はよく、恋人や配偶者に浮気された人から相談を受ける。浮気されてもそのパートナーと一緒にいたいけど、どうしたらまた信頼できるようになるだろうか？ というような内容だ。相手を信頼できないと、いつも監視したり疑っていなきゃいけない気がしてきて楽しくない。そんな関係が重い、と言うのだ。

問題なのは、浮気がばれた相手が、謝るついでに「ほんの出来心で……もう二度とこんなことはしない」と熱弁を振るうことだ。これは最悪だ。浮気された側はこれを額面どおりに受け取り、パートナーが主張する価値観と屁理屈《へりくつ》を疑問視しないことが多い。

人が浮気をするのは、その人にとってパートナーとの関係以上に重要なことがあるからだ。セックスを通じて何かを検証したいのかもしれないし、自分の衝動に負けてしまうだけなのかもしれない。何であっても、浮気者の価値観が健康な人間関係を支えることにならないのは明白だ。

もし浮気者がこれを潔く認めず、「何を考えていたのか、俺にもさっぱりわからない。ストレスがたまっていて、酔っぱらって、たまたまそこに彼女がいたんだ」などとお約束の弁解をするなら、その男には人間関係の問題を解決させるだけの自己認識力がないということだ。

浮気者は、「自己認識たまねぎ」（パート4を参照のこと）の皮をむかなければならない。そして、どんなデタラメな価値観が二人の信頼関係を壊したのかを探り当てることだ。それと、本人がその関係をいまでも大事に思っているかどうかも。

そして、こう言えるようにならなくちゃいけない。

「あのさ、僕がわがままなんだよ。二人のことより自分のことを大事にしているんだな。正直言うと、僕は君との関係をまったく尊重していなかったんだ」

もし浮気者が自分のロクでもない価値観を言葉に表わして、そのうえでそれを撤回することがないなら、パートナーとして信用できるわけがない。そして、信用がなければ、その関係がよくなることも変わることもありえないってことだ。

一度損なわれた信頼を取り戻す方法がひとつある。実績を積むことだ。**人は信頼を裏切ると、口先ではよいことを言う。しかし、一貫した実績を見ないことには、本当に行動が改善されたかどうかはわからない。**実際の行動がよくなって初めて、浮気者の価値観がまともになり、これから先きっと本当に変わっていくだろうと信頼を置けるようになる。

残念ながら、信頼回復に向けて実績を積むのには時間がかかる。信頼を壊すよりはるかに多くの時間が必要なのだ。そしてこの信頼回復期に、物事はだいたいロクでもない展開になる。そのとき、当事者は二人とも、自分たちがわざわざ〝イバラの道〟を選んだことを自覚しなければならないだろう。

僕は恋愛関係や夫婦関係での浮気を例にしているが、このプロセスはどんな人間関係での裏切りにも当てはまる。一度損なわれた信頼は、このふたつの段階を踏まないと回復できない。

1 信頼を裏切った側が、その行為の原因である自分の本当の価値観に気づき、その非を認めること

2 信頼を裏切った側が、時間をかけて、行動を改善し、確固とした実績を積むこと

信頼は陶器のようなものだ。一度割っても、慎重に丁寧に修復すれば、もとどおりにすることができる。

しかし、もう一度割ってしまったら、破片が小さくなって、はるかに時間をかけないともとには戻らない。

さらに何回も割ってしまったら、最後は粉々に砕けて修復不可能になる。あとに残るのは、あまりにもたくさんの破片と大量の粉塵《ふんじん》だけだ。

選択のパラドクス

消費者文化は、僕らがもっともっと、さらにもっと欲しがるように仕向けるのがとても上手だ。あらゆる過激な広告やマーケティングに、「もっともっと」の暗示が込められている。僕もこの暗示にかかっていた。もっと金を稼ぎ、もっと多くの国を訪れ、もっと多くを体験し、もっと多くの女性とつき合う、という暗示。

しかし、もっと多くもつことがよいとはかぎらない。実は、その反対が真実だ。実際には、もっと少なく所有しているほうが幸せな場合が多い。

機会や選択肢をあまりに多くかかえすぎると、僕らは心理学者の言う「選択のパラドクス」に苦しむことになる。**与えられた選択肢が多ければ多いほど、僕らは自分の選択に満足できなくなる**のだ。なぜなら、放棄した多くの選択肢を知っているから。

新しい住居を二カ所から選ぶとしたら、自分が正しい選択をしたと確信できるので、落ち着いていられる。でも二十八カ所から選ぶとしたら、「選択のパラドクス」によって何年も思いわずらい、本当に「正しい」選択をしたのだろうか、自分の幸福を最大限に実現させたのだろうか、などと不安になるだろう。この不安感、確かさと完璧と成功への欲望が、人間を不幸にする。

じゃあ、どうすればいいんだ？

君が昔の僕みたいだったら、まったく何も選ばないっていう手もある。できるだけ長く選択の余地を残しておくんだ。つまり「コミットメント」を避けるってこと。

一人の人、ひとつの場所、ひとつの仕事、ひとつの活動に専心することは、豊かな経験の広がりを否定することになる。逆に、経験の広がりを追求することは、経験の深まりから得られる恩恵を否定することになる。同じ場所に五年間住んでみて初めて経験できることも、同じ人と十年連れ添って初めて経験できることも、同じ仕事に半生を捧げて初めて経験できることもあるんだ。

僕は三十代になってやっとわかった。何かひとつに身を入れることで、機会と経験という宝が授けられるということを。それは、どこへ行こうと何をしようと、以前の生き方では僕には決して得られないものだったと思う。

幅広い経験を求めていると、新しい冒険や新しい人との出会いから受け取る見返りは、だんだん先細りしていく。

初めての海外旅行は、きっとその人の人生観を大きく変えるだろう。引き合いに出すだけの経験が乏しいからだ。しかし、二十カ国に行ったことがあるなら、二十一カ国目はたいして目新しくもないし、影響もあまり受けないだろう。

同じことが、お金や趣味や仕事や、それに恋人や友人についても言える。年をとればとるほど経験したことが増えるので、それだけ新しい経験から受ける影響は小さくなる。パーティで初めて酒を飲んだとき、僕は興奮に酔いしれた。一〇〇回目は楽しく、五〇〇回目は普通の週末の気分。そして一〇〇〇回目ともなると、退屈でどうってことない気分になった。

僕個人にとって特筆すべきことは、ここ数年のうちに「献身する人生」を積極的に受け入れたことだ。僕にとって一番大切な人々との経験と価値観を残して、あとはすべて拒否したんだ。ビジネス拡張のプロジェクトをいっさいやめ、フルタイムで執筆に集中する決断をした。そのときから僕のウェブサイトは人気が上昇し、自分で言うのもなんだが、いまでは想像を超えるほどの人気サイトになっている。

また一人の女性に長期にわたってコミットし、自分でも驚いたことに、それは僕が過去に体験したどんな恋愛よりも大きく報われるものとなった。

そして僕が発見したのは、およそ直感からは思いもつかないことだった。つまり、「献身には自由と解放がある」ということだ。**これと決めたらとことんそれを優先させ、ほかの選択肢には目もくれずに取り組む。そうすれば逆に、より多くのチャンスを得られる**ということがわかった。

献身することで自由になれる。それは、どうでもいいこと、つまらないことに注意をそらされないからだ。献身することで自由が得られる。それは、焦点をひとつに絞り込み、もっとも効率よく自分を健康的で幸せな方向に向かわせることができるからだ。

ひとつのことにコミットすることで、決断を下すことがより簡単になり、どんな未練や不安も消えていく。だって、すでに手にしているもので十分だと知っていたら、どうしてまた「もっともっと」と必死に追いかける必要がある？

確かに、若いうちには経験の幅を広げることは必要であるし、そのほうが望ましい場合もある。とにかく、外へ打って出て、どんなことに身を投じる価値があるか、広く浅く自分の目で見つけるのが先決だから。でも、最後に黄金が埋まっているのは深いところなんだ。

これが人間関係においても真実であるし、また、キャリアにおいても、素晴らしいライフスタイルを築くことにおいても、つまり、すべてにおいて真実だと思う。

PART
8
まとめ

◆「自由」は、ただ手にするだけでは何の意味もない

◆正直さは揺るぎない人間関係のカギだ

◆しかし、すべての人に「イエス」という必要はまったくない

◆お互いに「相手の問題を解決しようとする」ことは、不健康な人間関係

◆信頼関係は〝口約束〟ではなく、〝行動〟で築かれる

PART 9

僕たちの眼前に立ちはだかるものは消えていく

解決への道⑤
“恐れ”にとらわれない生き方

「マーク、また向こうで会おうぜ！」

「お前にとっての真理を探求するんだ。見つけたら、またそこで会おうぜ！」

これが、ジョシュが僕に言い残した最後の言葉だった。皮肉っぽい言い回しで、御託《ごたく》を並べるような連中をバカにしながら、それでいて彼らにそっくりな口ぶりだった。ジョシュは酔ってハイになっていた。よい友だちだった。

僕にとっての人生最大の転機は、十九歳の夏。友だちのジョシュに連れられて、テキサス州ダラスから少し北上したところにある湖までパーティに出かけたときのことだ。

丘の上にコンドミニアム（長期滞在型ホテル）があり、丘を下るとプールがあり、プールの下は崖《がけ》になっていて湖を見わたせた。ちょっとした崖で、たぶん高さ一〇メートルくらいのものだったろう。湖面に向かって飛び降りるのをためらうくらいには高いけれど、アルコールが入って友だちにはやし立てられれば、ためらいが消えてしまうくらいには低い。

パーティが始まってまもなく、ジョシュと僕は一緒にプールに浸かって、悩み多き青年らしくビールを飲みながら話をしていた。僕らは、酒やバンドや女の子のことを話した。そして、いつか一緒にバンドをやろう、ニューヨークに移り住もうなんてことも話した。あのころは、それが夢だったんだ。

二人ともほんの子どもだった。

「あそこから飛び降りても大丈夫かなあ?」

僕は崖のほうにあごをしゃくって聞いた。崖の真下に湖がある。

「ああ」ジョシュは言った。「ここじゃ、みんなやってるよ」

「やってみる気?」

ジョシュは肩をすくめた。

「かもね、いまにわかるさ」

夕方になって、ジョシュと僕は別行動をとった。僕が、テレビゲーム好きのアジア系美人に気を取られてしまったからだ。こんな出会いは、十代のゲームおたくにとっては、宝くじに当たったようなもの。向こうは僕に興味なさそうだったけど、人なつこくて、僕のおしゃべりが嫌じゃなさそうだったから、僕は話し続けた。何本かビールを飲んだあと、勇気を奮い起こして誘ってみた。ホテルに戻って何か食べようか、って。彼女は「いいわよ」って答えた。

二人で坂道を上っていくと、下ってくるジョシュとばったり会った。「何か食べ物はいらないか」と聞くと、ジョシュは「いらない」と言った。それから、「どこに行けば、あとで会える?」と僕が聞いたら、ジョシュはニッコリ笑ってこう言ったんだ。

「お前にとっての真理を探求するんだ。見つけたら、またそこで会おうぜ!」

僕はうなずいてから、まじめな顔をこしらえて「わかった。そこで会おう」と返事した。まるで、真理がどこにあるかも、そこへの行き方も、みんなが普通に知っているみたいに。ジョシュは笑い声を上げると、崖に向かって丘を下っていった。僕も笑って、そのまま丘の上のホテルを目指した。

どれくらいホテルにいたか覚えていない。覚えているのは、彼女と僕が外に出てきたら、あたりには誰もいなくて、サイレンが鳴っていたこと。

プールにも人っ子ひとりいない。崖下の湖岸に向かって丘を駆け下りる人たちが見える。すでに水際まで下りている人たちもいる。よく見ると、男の人が二人くらい泳ぎ回っているのがわかった。暗くて見えにくい。音楽は鳴り続いていたけれど、誰も聴いていなかった。

それがどういうことなのか整理できないまま、僕は湖岸へ急いだ。サンドイッチをかじりながら、みんなが何を見ているのか気になって……。下っていく途中で、連れのアジア系美人が言った。「何かよくないことが起きてるんだわ」

丘の麓《ふもと》に着くと、僕はそこらへんの人に、ジョシュがどこにいるのか聞いた。誰ひとり僕を見ないし、僕を相手にしない。みんな、水面から目を離さないでいる。僕はまた別の人に聞いた。すると、一人の少女が突然、号泣し始めた。

そのとき、僕はやっとすべてを理解した。

救急隊のダイバーたちが、ジョシュの遺体を湖の底で発見するのに三時間かかった。検死の結果、ジョシュはアルコールによる脱水症に加えて、崖から飛び降りた衝撃で両脚がけいれんを起こしていたことがわかった。

ジョシュが落ちたのは日が沈んだあとで、湖面は夜の闇と重なり合って一段と黒さを深めていた。助けを求めるジョシュの叫び声がどこから来ているのか、誰にも見えなかった。バシャバシャと水をたたく音、ただその音だけが聞こえた。あとからジョシュの両親に聞いた話によると、あいつはすごく泳ぎが苦手だったらしい。まったくの初耳だった。

僕は泣かなかった。ようやく泣きたいだけ泣くことができるまで、十二時間かかった。翌朝、車を運転して実家に帰る途中、父さんに電話してまだダラスの近くにいることを伝え、仕事には行けそうにないと話した（その夏は父さんの会社で働いていたんだ）。父さんが聞いた。

「どうした？　何があった？　大丈夫か？」

それを聞いたとたん、堰《せき》を切ったように涙があふれてきたんだ。嗚咽《おえつ》と悲鳴と鼻水だらだらの号泣だ。道の脇に車を寄せて止め、電話を握りしめて、まるで幼い男の子が父親に泣きすがるように、僕は泣きじゃくった。

その夏、僕は深いうつ状態に陥った。前にも気持ちが沈むことはあったけれど、これほど虚無感に打ちひしがれたことはなかった。あまりに悲しくて、体じゅうに痛みを感じるほどだった。

僕を元気づけようと人がよく訪ねてきて、そのたびに僕は居住まいを正してみんなの励ましを聞き、期待されたとおりの反応をした。わざわざ来てくれたことに感謝し、ニコリとつくり笑いを浮かべ、「だんだん落ち着いてきてるよ」とウソをつく。だけど、内心ではまったく何も感じていなかった。

その後の数カ月は、よくジョシュの夢を見た。夢のなかでジョシュと僕は生と死について本気で意見を交わしたり、あれこれととりとめのないムダ話をしたりした。

僕は、生まれてからそのときまでずっと、典型的な中産階級に安住するマリファナ依存症のガキンチョだった。怠け者で無責任で、そして社会に対する不安感と根深い精神不安をかかえていた。ジョシュには、いろいろな意味で一目《いちもく》置いていた。年上で、自信に満ちていて、経験豊富で、まわりの世界を広く受け止める度量があるように見えたから。

最後にジョシュが出てきた夢では、僕ら二人はジャグジー風呂に入っていた。変だよね？うん、僕も変だと思うよ。とにかくそこで、「あんたが死んじゃって本当に残念だ」みたいなことを言うんだ。ジョシュは笑い出して、正確な言葉は覚えていないけど、こんなふうなことを言った。

「なんで俺が死んだことをそんなに気にするんだよ。いまだに生きるのが怖いくせにさ」

僕は泣きながら目を覚ました。

その夏、家のソファに座って、底知れない深い穴、いわゆる〝アビス〟をのぞき込み、ジョシュの友情がすっぽり消えたあとの、永遠にして不可知の〝無〟を見つめていた。そのときふと、こんなことに思いいたって愕然《がくぜん》とした。

「もし、本当に何もする理由がないなら、何もしない理由だってない」

つまり、死が不可避であるという現実に直面したら、「怖い」だの、「みっともない」だの、「恥ずかしい」だのと思う自分に屈する必要などまったくないということだ――どのみち、すべてが「無」なんだから。そして、僕はこれまでずっと苦痛や不快感を避けてきたけれど、短い人生をそんなふうに過ごすのは、生きることそのものを避けてきたのと同じだとわかった。

その夏を境に、僕はマリファナもタバコもテレビゲームもきっぱりやめた。ロックスターになるバカバカしい夢想も捨て、音楽学校を退学し、大学の短期コースを受講し始めた。ジムにも通って、体重をごっそり落とした。新しい友だちをつくり、初めての彼女もできた。生まれて初めて、学校の勉強にも身を入れるようになった。僕だって真剣にやればよい成績をとれるんだってことを知って、驚いたのなんのって。

翌年の夏には、五十日間でノンフィクションを五十冊読むっていう目標を立てて、やり遂げた。その次の年には遠く離れた名門大学に編入し、そこで僕は、人生で初めて学業面でも社交面でも一人前の人間になれた。

ジョシュの死は、僕の人生における明確な分岐点ということができる。

悲劇が起こる前まで、僕は引っ込み思案で、向上心がなく、世間にどう思われるかを先回りして想像しては、自分を病的な枠に閉じ込めていた。悲劇のあとは、まるで別人になった。責任感のある、好奇心旺盛な、努力家になったんだ。悩みや不安は人並みにあったけれど、それよりもっと重要なことに意識を向けるようになった。

まさに、明暗のわかれ目だった。不思議なもので、ほかの人間の死が僕に「生きる許可」を与えてくれた。だから、人生で最悪の瞬間が最大の転換期になったんだと思う。

「ちっぽけな自己」を超越する

アーネスト・ベッカーは、学術的には異端視されていた。一九六〇年に人類学の博士号を取得したベッカーは、禅の教えと精神分析学を比較するという、思いも寄らない研究に取り組み始めた。当時、禅はヒッピーと薬物常習者のためにあると見なされ、フロイトの精神分析は石器時代の遺物ともいうべき〝インチキ心理学〟と考えられていた。

助教授になりたてのころ、ベッカーはある研究者グループの一員になる。このグループは、当時の精神科医療を「無力な絶望した人々を抑圧する非科学的な行為」とみなし、その医療行為を「ファシズムの一形態だ」として非難していた。

問題は、ベッカーの上司が精神科医だったこと。つまり、彼は最初の仕事で、誇らしげに上司をヒトラーになぞらえてしまったわけだ。想像どおり、ベッカーは解雇された。

そこで、ベッカーは自分の過激なアイデアを、受け入れてくれそうなところへもち込むことにする。カリフォルニア州立大学バークレー校だ。しかし、ここも長続きしなかった。

ベッカーが身の置き場所をなくすのは、その反体制的な傾向のためばかりではなく、奇妙な教え方にも原因があった。彼は心理学を教えるのにシェークスピアを用い、人類学を教えるのに心理学を用い、社会学を教えるのに人類学的なデータを用いた。リア王の格好で教壇に立ち、講義中に剣術を演じて見せたり、政治的な話題で長々と熱血講釈を続けたりした。学生たちには大人気だったが、ほかの教授陣からひどく嫌われ、一年もしないうちに再び解雇された。

その後、サンフランシスコ州立大学に着任する。ここでは一年以上追い出されなかったが、やがてベトナム戦争に反対する学生たちの抗議運動が起こり、大学側が軍の出動を要請したために紛争が激化。学生側についたベッカーは、学部長の行動を公然と糾弾《きゅうだん》し（またもや上司をヒトラー呼ばわりするなどして）、再び即時解雇となった。

ベッカーは六年間に四度仕事を変えた。そして、五番目の職場を解雇される前に結腸ガンを発症、悲観的な診断が下る。その後の二年くらいを寝たきりで過ごし、生きのびる希望をほぼ失った。そこで、ベッカーは本を一冊書こうと決心する――死についての本を。

ベッカーは一九七四年に死去するが、その著作『死の拒絶』はピューリッツァー賞を受賞し、二十世紀のもっとも影響力のある英知の書となった。心理学と人類学の両分野がこれによって大きく様変わりし、またその哲学的主張は現代にも影響を与え続けている。

『死の拒絶』には、本質的に次の二点が述べられている。

人間は、自己を概念化し抽象的に考察する唯一の動物であるという点で、特有の存在である。犬は自分の職業について気をもんだりしない。猫が過去の間違いについて考えたり、別の手段はなかったかと思い巡らすこともない。猿が将来の可能性について議論することもないし、魚が「もっと長いヒレをつけたら好かれるだろうか」と考えることもない。

僕ら人間は、仮想の状況下にある自分を想像する能力に恵まれ、過去と未来を熟考し、実際の状況とは違う別の現実を思い浮かべることができる。この特有な知的能力のために、僕らはみんな、どこかのある時点で自分の死が不可避だと気づく。

これがベッカーの主張のひとつである。別バージョンの現実を概念化する能力があるから、人間は自分自身を含めない現実を想像できる唯一の動物なのだ、ということ。この認知から生まれたのが、ベッカーの言う**「死の恐怖」**――**つまり、僕らの思考や行動すべての根底にある、深刻な実存的不安**だ。

ベッカーのふたつ目の主張は、僕らには人間の特質としてふたつの「自己」があるという前提から始まる。第一の自己は「肉体的な自己」。つまり、食べて寝て、いびきをかいて、排泄《はいせつ》する自分。第二の自己は「概念的な自己」。アイデンティティとか、自分自身をどんな人間と思っているか、などがこれだ。

僕らはみんな、「肉体的な自己」がいずれ死ぬことについて、ある程度の自覚がある。肉体的な死が必然であることを承知しているのだ。そして、この必然性が僕らを恐怖のどん底に陥れるということも自覚している。だから僕らは、**肉体的な死という不可避の喪失への恐怖を埋め合わせるために、永遠に生きる「概念的な自己」を構築しようとする**のだ。

そのようなわけで、人は建物や銅像や本の背表紙に自分の名前を残そうと必死にがんばる。また、他人に貢献して何かを残そうという気持ちに駆られる。特に、子どもたちに対してそんな気持ちになるのは、僕らの「概念的な自己」の影響が「肉体的な自己」をはるかに超えて、ずっと続いていくことを願うからだ。自分が死んだあとも、長く人の記憶に残り、リスペクトされるように、と。

こうした努力を、ベッカーは**「不滅プロジェクト」**と呼んだ。**肉体的な死を迎えたあとも、僕らの概念的な自己が生き続けることを可能にするプロジェクト**だ。

ベッカーに言わせると、人間の文明は基本的にすべて「不滅プロジェクト」の結果である。

いまある都市も政府も建造物も、もとをたどれば、すべて僕らの前に生きた男女の「不滅プロジェクト」だった。死に絶えなかった概念的な自己の名残《なごり》なのだ。

イエスやムハンマドやナポレオンやシェークスピアといった名前は、いまなお光を放っている。そして、これがなによりも肝心なことなんだ。芸術を究めることであれ、新しい土地を征服することであれ、莫大な富を手に入れることであれ、または、にぎやかで愛に満ちた家族をつくって何世代も継承していくことであれ、僕らの人生の意味は「決して本当に死ぬことはない」という生来の欲望によって形成されている。

宗教も政治もスポーツも芸術も、すべて人々の「不滅プロジェクト」の結果である。ベッカーは言う。戦争や革命、大量殺戮《さつりく》が起きるのは、ある集団の「不滅プロジェクト」が別の集団の「不滅プロジェクト」と摩擦を起こすときである、と。何世紀にもわたる抑圧と何百万人もの流血は、ひとつの集団と相対する別集団が互いに「不滅プロジェクト」を防御するためにとった行為として正当化されてきた、と。

しかし、僕らの「不滅プロジェクト」が失敗して意味を失ってしまうと、つまり、僕らの概念的な自己が肉体的な死を乗り越えて生き続けるという見込みがなくなってしまうと、死の恐怖が僕らの脳裏にじりじりと戻ってくる。トラウマによって引き起こされる場合もあるし、屈辱感が原因になる場合もあるし、またベッカーが指摘するように、精神疾患が原因になる場合もある。

ここではっきり言おう。僕らの「不滅プロジェクト」は、すなわち僕らの価値観なんだ。人生における意味と価値のバロメーターってこと。だから、僕らの価値観が機能しなくなると、僕ら自身も（心理学的な意味で）機能しなくなる。

ベッカーに言わせるなら、僕ら人間は本質的には恐怖によって駆り立てられている。そのために、物事に対してひたすら思い悩むようにできている。何かを気に病むことが、唯一、死の現実と必然性から気をそらせる方法だからだ。

一方、何ひとつ気にしないでいることは、「自己の存在の非永久性を受け入れる精神状態」にもっとも近いということになる。またこの状態になると、人はさまざまな形の特権意識にほとんどとらわれることがない。

ベッカーはその後、死の床で驚愕《きょうがく》すべき真実に行きつく。人の「不滅プロジェクト」は、実際のところ、解決策ではなく問題点であることに。つまり、人間は世界の至るところで死の脅威におびえ、概念的な自己を実現しようとしているが、そうではなく、概念的な自己を疑い、自分自身の死の現実性をもっと気持ちよく迎え入れるべきである、と思い至ったのだ。ベッカーはこれを「苦い解毒剤」と呼び、自ら死に近づきながら懸命に帳尻を合わせるべく戦った。

死は厭《いと》わしくとも不可避である。だから、**僕らはこの真実を避けるのではなく、むしろ最大限の努力で折り合いをつけるべき**なのだ。なぜかというと、自分自身が死ぬという事実——この根源的な恐怖、つまり気まぐれな野心すべての根底にある不安感——を気持ちよく受け入れれば、僕らはもっと自由に価値観を選べるようになる。非論理的な不死不滅の探求などに拘束されない価値観、危険で独断的な考え方から解放された価値観を選ぶことができるのだ。

"希望"という断崖から、未来を見わたす

僕は岩から岩へ着実に歩を進め、登り続ける。足の筋肉に張りと痛みを感じる。ゆっくりくり返す身体運動で、僕は一種のトランス状態になる。頂上に近づき、空はさらに広がり深まる。僕はいま一人きりだ。友だちはずっと下のほうで海の写真を撮っている。

小さめの岩をよじ登って乗り越えると、視界が一気に広がる。ここからは、見わたすかぎりの水平線が一望できる。僕がいま見つめているのは、地球の突端ではないか。ふと、そんな気がする。海が空と出会い、青と青が重なる場所。風がうなり声を上げて僕の肌に吹きつける。僕は顔を上げる。まぶしい。なんて美しいんだ。

僕は南アフリカの「ケープ・オブ・グッド・ホープ（喜望峰）」にいる。かつて世界の最南端と思われていたところだ。自然の猛威にさらされ、幾多の嵐に襲われてきた海域。この岬は何世紀にもわたって、貿易と商業を通して人間が試練に立ち向かう姿を見守ってきた。そこは、

名前とは裏腹に「希望を失わせる場所」でもあった。
ポルトガル語には「彼は希望の岬（喜望峰）を回ろうとしている」という言い回しがある。これは皮肉にも、「彼の命は最終局面にあり、もうこれ以上、彼に遂行できることはない」という意味だ。

僕はさらに岩をいくつか越えて、青い未知のかなたに近づいていく。その広大な青が僕の視野をすっぽり包む。汗が噴き出ているのに寒い。心の躍動と不安を同時に感じる。来るべきときが来たのか？

風が耳を叩く。何も聞こえない。でも崖の先端が見える。岩と〝永遠の忘却〟が出会うところ。僕は数メートル手前で足を止め、しばらく立ちすくむ。足もとに海が見える。波が何キロメートルも横にのびる崖に打ち寄せ、白い泡をつくる。怒り狂ったように岩肌に襲いかかる潮流。すぐ目の前に切り立った断崖がある。水面まで五〇メートルはあるだろう。

右手を見下ろすと、観光スポットを訪ねる旅行客たちが点になって見える。みんな写真を撮ったり、まるでアリの行列のように歩いたりしている。左手には遠くアジアがある。目の前は空。うしろにあるのは、僕がこれまで望んだものすべて、そして、僕がここまでかかえてきたものすべて。

これで終わりだったらどうしよう？　これですべておしまいなら、どうする？

僕はあたりを見まわす。誰もいない。崖の端に向かって、僕は一歩踏み出す。

崖まであと二メートルになると、意識も参戦する。崖っぷちだけではなく、もう崖の壁面そのものが見下ろせるから、ありとあらゆる余計な映像が意識に浮かんでくる。足を踏みはずし、崖を転がり落ち、最後に勢いよく死の飛沫《しぶき》を上げる映像が見える。

あと一メートルになると、全身が非常警報を鳴らし出す。うっかり靴の紐《ひも》を踏んづけて転んだら、一巻の終わりだ。強風が一度でも吹けば、たちまち身体は飛ばされて、あの二等分された青の永遠に運ばれそうな気がする。脚がガクガク震える。手も震える。いま自分に声をかけるなら、その声も震えているだろう。「お、おいおい、じょ、じょ、冗談だろ?」って。

一メートルという距離は、たいていの人にとってギリギリ限界だ。前にかがみ込めば、崖の真下がチラッと見えるくらいに近いけれど、同時に、覚悟を決めるのはまだ早いと思えるくらいに離れてもいる。断崖絶壁の淵にここまで近づいて立っていると、喜望峰のように美しい絶景のなかにあっても、頭がクラクラしてきて目が回り、ついにはさっき食べたものが胃から逆流しそうになる。

これなのか? これがすべてなのか? いずれ知るであろうすべてを、僕はもう知ってしまったのか?

もう半歩、前に進む。また半歩、踏み出す。あと六〇センチだ。前に出したほうの足に体重をかけると、そこから全身に振動が伝わる。すり足で進み続ける。僕の意識にあらがい、僕のまともな生存本能すべてにあらがって。

あと三〇センチ。もう真下に崖の岩肌が見える。突然、僕は泣きたくなる。身体が勝手にうずくまり、説明のしようのない架空のものから身を守ろうとする。風がいつのまにか、雹《ひょう》まじりの嵐に変わる。いろんな考えが、次々と強烈な右フックみたいに襲ってくる。

身体はフワフワ浮いているみたいだ。足もとさえ見なければ、完璧に空の一部になった気がする。本当に落ちるんだと思うのは、この三〇センチの地点だ。

聞こえるのは、風の音だけ。

これで終わりなのか？

身体がブルッと震える。恐怖が陶酔に変わり、目がくらむ。僕は意識を集中させ、瞑想でもするように考えを整理する。死まであとほんの数センチという状況ほど、意識を研ぎ澄ますものはない。僕は背をのばし、もう一度前方を見る。気がつくと、笑みを浮かべている。僕は自分に言い聞かせる。死んだって別にいいんだよ、と。

こんなふうに「死の必然性と折り合いをつける」という発想には、古い起源がある。古代ギリシャ・ローマのストア派をはじめとする哲学者たちは、生命に感謝し、逆境にあっても謙虚でいられるように、**「常に死を忘れるな（メメント・モリ）」**と人々に説いた。

仏教の世界でも、瞑想に励むことにより、生きているうちから死ぬ覚悟をもてるようになると教えられる。また、涅槃《ねはん》の境地に達すること——自我を滅して無我に至ること——は、あの世へわたる自分を「試走」させている状況ととらえられる。

あの変わり者のマーク・トウェインでさえ、こんなことを言っている。「死ぬ恐怖は、生きる恐怖から生まれる。精いっぱい生きる者は、いつでも死ぬ準備ができている」

再び崖の上。僕は腰を曲げ、少しうしろに寄りかかる。両手をうしろについて、ゆっくりと地面に腰をおろす。それから、片方の足を徐々にのばして崖の端にかける。崖の壁面から突き出た小さい岩があり、僕はそこに足を乗せる。もう一方の足も崖から出して、同じ小さい岩に乗せる。このまましばし座っている——うしろについた両手の平に力をあずけて、髪を風にそよがせながら。そのうち、だんだん不安に耐えられるようになってくるのがわかる。とにかく、水平線に焦点を合わせていれば大丈夫。

それからまっすぐに座り直し、もう一度、崖の下を見下ろす。恐怖がまた背すじを走り抜ける。手足の先まで電気が走り、息も苦しくなる。それでも、息ができなくなるたびに、頭を空っぽにして足もとの崖下に注意を集中させ、起こりうる運命を自分の目で見つめるように強《し》いる。そして、単純にその運命の存在を認めるよう自分に命じる。

僕はこのとき、世界の端っこに座っていた——希望の最南端、東洋への入り口に。気分は爽快だった。全身にアドレナリンが行きわたる感覚だ。ここまで意識が鮮明になると、ここまで興奮するんだ！　僕は風の音に耳を澄まし、海の色を眺め、そして地球の果てをはるかに見わたし、やがて不意に笑い出す。明るく晴れやかに、まるで屈託なく。

死の必然という現実に対峙《たいじ》することは大切だ。人生におけるバカバカしくて表面的な価値観を、すべて消し去ってくれるからだ。

たいていの人が、残りの日々を目減りさせながら、もう一ドル稼ごうとやっきになる。あるいは、もう少しだけ有名になるとか注目を浴びるとか、もう少し自分が正しいだの愛されているだのと確信をもとうとする。そんなことにやっきになるけれど、死は僕らみんなにもっと苦しくて重要な問いを突きつけている。**「あなたがこの世に残すものは何？」**と。

ベッカーが指摘したように、これが、おそらく人生で唯一、本当に重要な質問だ。にもかかわらず、僕らはこれについて考えようとしない。ひとつには難問だから。もうひとつには怖いから。そしてもうひとつには、僕らが何をしようとしているんだか、自分でサッパリわかっていないからだ。

そして、この質問を避けていると、ささいな忌々《いまいま》しい価値観が僕らの脳をハイジャックして、欲求や野心の操縦桿《かん》を握ってしまう。表面的なことが重要に見えたり、重要なことが表面的に見えたりするんだ。

僕らにとって確実に知りえることがあるとすれば、それは死だけだ。だから、死こそが、僕らの価値観や決断を方向づける羅針盤でなければならない。これが、僕らが問うべきであるのに決して問うことのない質問すべてに対する正解だ。

死を落ち着いて受け入れる唯一の方法は、自己を自分自身よりも大きな存在として理解し、とらえること。つまり、自分自身のためではなく、自分の人生を超えて意味をなす価値観を選ぶこと——単純で、直接的で、自分にコントロールできて、そして、まわりの混沌とした世界に耐えうる価値観を。これが、あらゆる幸福の根源なのだ。

アリストテレスの話を聞こうが、ハーバード大学の心理学者に耳を傾けようが、キリストの教えや、はたまたビートルズの歌を耳にしようが、よくよく聞けば、みんな幸福は同じものから生まれるって言っている。つまり、「自分自身よりもデッカいものの存在を感じる心」だ。はるかに大きな存在のなかで、自分はひとつの小さな構成要素にすぎないと信じることだ。

だから人は教会に行く。だから人は戦争する。だから人は家庭を築き、年金を蓄え、橋をつくり、携帯電話を開発する。それは、自分たちよりあまりにも大きいもの、そして把握しようのないものの一部にすぎないという「はかなさ」を絶えず感じているからだ。

これを僕らからはぎ取るのが特権意識である。特権意識が重大なのは、僕らの注意をすべて内部に引き込み、僕ら自身に向けさせるところだ。その結果、僕らはまるで宇宙にあるすべての問題の中心だと感じてしまう。すべての不当な出来事に苦しんでいるのは自分であり、他人よりもっと立派だと評価されて当たり前なのが自分だ、と。

どんなに魅力的であっても、特権意識は僕らを孤立させる。世間の出来事に好奇心をもったり興奮を感じても、その感覚は内向的なもので、自分自身の偏見や個人的な見方を、出会う人にも経験する出来事にもことごとく投影させる。しばらくはよい気分でいられるかもしれないし、経済効果も高いだろうけれど、人間の精神にとっては毒でしかない。

こういう力学が作用して、僕らはいま、とことん苦しんでいるんだ。物質的には豊かでも、心理的には数多くの低レベルな問題に苦しめられている。人は責任という責任をすべて放棄し、自分の感情や感受性に社会のほうが対応すべきだと要求する。また、気まぐれな確信にしがみつき、それを正義漢ヅラして他人に押しつける。そして、人は実体のない優越感に浸り、怠惰と無気力に陥る。失敗を恐れて、何か価値あることを試みようともしない。

近代精神にある「甘やかし」の風潮は、自力で獲得することなく「初めからもっていて当たり前」と感じる人々を生み出す結果となった。彼らは、自分を実際以上に大きく見せようとする。とびきり素晴らしいことばかりが発信される世のなかでは、自分も立派じゃないと受け入れてもらえないと感じるからだ。

現代の文化では、「注目される」ことと「成功する」ことがごっちゃに解釈されている。まるで同じものみたいに思われている節《ふし》があるけれど、実は別物だ。

君は立派だよ。もうとっくに立派なんだよ。自分で気づいていようといまいとね。そして、ほかの人に気づかれていようといまいとね。それも、別にスマホのアプリを発案したからとか、一年早く学校を卒業したからとか、しゃれたボートを買ったからとかじゃない。こういうことで、人間の立派さは定義されないんだ。

君がすでに立派なのは、幾多の混乱と確かな死に直面しても、何を気にして、何を気にしないか、自分で選び続けるからだ。人生における価値観を自分で選んでいるという単純な事実によって、君はすでに成功者であり、すでに愛されている。

君も、いずれは死ぬ。それは、運よく生まれ、運よくここまで生きてきたからだ。いまはそう実感できないかもしれない。でも、いつか断崖の上に立ってごらん。たぶん、実感できるから。

かつてブコウスキーはこう書いた。

「俺たちはみんな死ぬ身だ。一人残らずな。茶番だよ！　このことだけでも、俺たちはお互いに愛し合っていいはずなのに、そうはならないんだね。俺たちは、つまらんことで脅され、打ちのめされ、無意味なことで消耗しきっている」

湖のほとりでジョシュの遺体が引き揚げられるのを見守った、あの夜を振り返ろう。漆黒の空を見つめるうちに、僕のエゴがゆっくりと解体して空に溶けていったことを思い出す。

ジョシュの死は、それまで思いもかけなかったことを教えてくれた。そう、「いま、ここで、この日をつかめ」と教えられたんだ。自分の選択に責任をもて、そして、恥も外聞も捨てて思うがままに夢を追いかけろ、と。

でも、これはもっと深く根本的な教訓の副産物にすぎなかった。その根本的な教訓とは**「恐れるべきものは、何もない。何ひとつない」**ということ。

そしてここ数年、自分に向かって自分自身の死の必然性をくり返し言い聞かせることが、唯一、僕の意識の中心にこの教訓を留めておく助けになった。こんなふうに自分の死を受け入れ、自分のもろさを理解することによって、僕にとってすべてが容易になったんだ。いろんな依存症から抜け出ることも、僕自身の特権意識を見極め、それに向き合うことも、すべて死を念頭に置くことによって楽になった。闇のなかをのぞき込むほど、人生は逆に明るくなり、世界は静かになる。そして、どんなことに対しても、僕の感じる無意識の反発は薄らいでいくんだよ。

喜望峰のあの崖の上で、僕はしばらく座ったまま、まわりのすべてを目に焼きつける。ようやく立ち上がる決心がつくと、まず両手をうしろについてあとずさり、それからゆっくりと立ち上がる。そして足もとの安全を確認する。僕に妨害工作をしかけてくる危ない岩がないかどうか、念入りに。大丈夫だとわかってから、僕は歩き始める。現実に向かって、二メートル、三メートルと戻っていく。一歩ずつ、身体の感覚が回復してくる。足がだんだん軽くなる。僕は素直に、現世に引き戻されていく。

いくつかの岩を越え、もと来た道に戻ると、僕の見上げた先に一人の男がいて、こっちをじっと見ている。僕は立ち止まり、男と目を合わせる。

「あのう。さっき、向こうの崖っぷちに座っていたでしょう?」

男は、南極のほうを指さして言った。

「ええ。景色がすごいですよね」僕はニッコリ笑いかける。

男はニコリともしない。真剣な表情を顔に張りつけている。

僕は両手でショートパンツを軽くはたく。まだ身体は退却の余韻でざわついている。

ぎごちない沈黙。男はしばらく当惑した顔で立ちつくす。僕から目を離さずに、次の言葉を探しているのが見てとれる。やがて、慎重に言葉をつなぎ合わせる。

「大丈夫ですか? いま、どんな気分ですか?」

僕は一瞬、笑顔を向け、間をおいてから答える。

「生きてる。めっちゃ生きてる気分ですよ」

男の表情から疑念の色が消え、代わりに笑顔が浮かぶ。そして軽く会釈すると、山道を下り始める。僕は景色を心ゆくまで眺めながら、友だちが頂上までたどり着くのを待っている。

PART

9

まとめ

◆苦痛や不快感を避けるのは、生きることを避けるのと同じ

◆「死への恐怖」が、人間の文明を生み出してきた

◆「いつか終わりがくること」と向き合えば、もっと自由に価値観を選べるようになる

◆この世界は誰にもコントロールできない「デカい存在」によって動いている

◆ちっぽけな〝僕の自意識〟を手放せば、もう恐れるものは何ひとつない

その「決断《けつだん》」がすべてを解決《かいけつ》する

著　者――マーク・マンソン
訳　者――大浦千鶴子（おおうら・ちづこ）
発行者――押鐘太陽
発行所――株式会社三笠書房
〒102-0072 東京都千代田区飯田橋3-3-1
電話：(03)5226-5734（営業部）
：(03)5226-5731（編集部）
http://www.mikasashobo.co.jp
印　刷――誠宏印刷
製　本――若林製本工場

編集責任者　長澤義文
ISBN978-4-8379-5786-7 C0030

三笠書房

GIVE & TAKE
「与える人」こそ成功する時代

アダム・グラント［著］
楠木 建［監訳］

世の〝凡百のビジネス書〟とは一線を画す一冊！――一橋大学大学院教授 **楠木 建**

新しい「人と人との関係」が「成果」と「富」と「チャンス」のサイクルを生む――その革命的な必勝法とは？　全米No.1ビジネススクール「ペンシルベニア大学ウォートン校」史上最年少終身教授であり気鋭の組織心理学者、衝撃のデビュー作！

世界のエリート投資家は何を考えているのか

アンソニー・ロビンズ［著］
鈴木雅子［訳］　山崎 元［解説］

世界NO.1カリスマコーチによる「お金を殖やすために知っておきたいこと」

投資の原則、お金にまつわる迷信、投資の決断時期など、「自分のお金をどう動かすか」、具体的にアドバイス！「日本の読者が投資を勉強するのに大変よい本。運用のプロでも、皆が知りたいと思うような、わくわくするテーマを扱っている」――山崎元

THE LITTLE BOOK OF HYGGE
ヒュッゲ 365日
「シンプルな幸せ」のつくり方

マイク・ヴァイキング［著］
ニコライ バーグマン［解説］ アーヴィン香苗［訳］

北欧デンマーク、幸福度世界一を誇る国。大切な人、ものと暮らす、心あたたかい生きかた。

ヨーロッパから火がついて、世界中で話題のベストセラー！「デンマーク人が毎日使っている言葉〝ヒュッゲ〟。それは〝人と人とのつながりから生まれる気持ち〟のこと。皆さんの〝ヒュッゲな時間〟とは何ですか？」――ニコライ バーグマン

T30293